歴史から読み解く
アジアの政治と外交

坂場　三男　著

カナリアコミュニケーションズ

まえがき

最近の国際情勢は日々目まぐるしく変化し、かつ複雑化しているため世に専門家と言われる人々にとっても理解が難しくなっている。私はかつて外務省に41年半にわたって勤務したが、そんな私にとっても近年の国際的な出来事には「なぜそんなことが起こるのか」と疑問を持つこともしばしばである。特に、役所を退官して大学で教鞭をとり国際政治論の授業を担当していた時期は英語の授業だったこともあり講義内容の事前準備が大変だった。大げさに言えば、数ヵ月の間に世の中が変わるほどの出来事が世界のあちこちで頻発するために1年前に作成した授業用ノートが今年は役に立たないのである。この時ほど同じノートを何十年も使える（？）憲法学の先生を羨ましく思ったことはなかった。

私たちはニュース・メディアの報道で海外での出来事を知る。新聞・テレビやネットニュースが情報源になるが、そこで報道される内容は時間的・空間的制約から最大公約数化され日本人視聴者向けに編集されている。しかもファクト中心の報道が大半で、出来事の原因や背景まで詳細に分析し解説されることは少ない。いわば「瞬間消費型の情報提供」であり、「なぜ？」という私たちの疑問に常に答えてくれるわけではない。

こうした状況が繰り返されると国際情勢理解はますます難解になり、終いには真相を理解しようという気持ちすら薄れてしまうのである。ウクライナでの戦争ひとつをとっても、戦場での悲惨な映像に心が痛むものの、ロシアのプーチン大統領が国際世論の激しい反発が予想されたにも拘わらずこうした無謀極まりない侵略行為になぜ踏み切ったのか。また、想像を絶する苦難の中、ウクライナの人々がここまで頑強に抵抗し続けられるのはなぜか、といった根源的な疑問には答えてくれていない。しかし、こうした疑問にこそ国際情勢を理解する鍵が隠されているのである。

国と国との争いは領土・領海の領有権をめぐる対立や資源の争奪戦、「国益」をかけた深刻な利害対立に起因する場合が多い。歴史的事情も絡んで国境をまたいだ民族・宗教間対立がエスカレートする場合もある。イスラエル・ハマス戦争もこれに該当する。モーゼの「出エジプト」以来から三千年以上、ユダヤ人がローマ帝国によってパレスチナから放逐されディアスポラ（離散者）になった時からだけでも二千年近くに及ぶユダヤ人とパレスチナ人の歴史的相克関係が背景にある。こうした紛争では本来は当事者間の話し合いや第三国・国際機関による仲介、あるいは国際裁判といった外交努力で解決すべきだがこれができないか、自国に有利な結果をもたらさないと判断した時に武力行使で決着を付けようという誘因が働く。

大国と小国の争いの場合は大国側からの軍事的圧力が高まり、小国側が譲歩することで事態が収束するのが通例だが、小国側が譲歩を拒む場合もある。今回のウクライナ戦争はそうした事例であるし、緊張が高まっている台湾情勢なども同じような状況になるのではないか。ひとたび戦火を交えれば大国側にも相応の被害が出るので戦端を開く側の政治指導者はそうした状況に自国民が耐えられるか否かをあらかじめ考慮しなければならないだろう。戦争せざるを得ないという「大義」がなければ戦場に赴く戦士を納得させることはできないし、いわんや国民の支持を得ることなど覚束ない。そこに「歴史」が深くかかわってくる。逆に言えば「歴史」を知らなければ「大義」の拠り所も理解できない。もちろん、戦争に至らないまでも国と国が争う場合には双方の国が「自国の主張は正当である」ことを国内的に説明し、国際世論にも訴えなければならない。こうした正当性の主張が「大義」であり、それは歴史から掘り起こされる。「国を理解するには歴史から始めよ」と先人が言い私も共感するのはこうした理由からである。

また、各国の国内政治や対外関係の今後のあり得べき展開を考えるとき、過去の歴史を振り返ることは有用である、私は「歴史は繰り返される」とは思わないが、同じ人間がやることである限り、同じような原因があり状況が生まれれば同じような結果になることはあると思っている。これを「歴史は韻をふむ」という人もいる。特に、一国の最高指導者であれば内政・外交上の困難に直面するたびに「先人たちはこうした状況下でどう決断しどう行動したのか」に関心を向ける。歴史に敏感になり、そこから進むべき道を学ぼうとする。最高指導者とは常に孤独な存在であり、師と仰げるのは唯一「歴史」のみである。ここにも政治・外交を理解する上で歴史を読み解くもうひとつの意義がある。

本書は複雑化する現下のアジア情勢を理解する一助として各国・地域の「歴史」に主たる焦点を当てて書かれた論考集である。もちろん、アジアすべての国を網羅することはできないので、そこで働いている政治力学の中心にある中国、朝鮮半島・韓国、東南アジア・ベトナムおよびインドだけを取り上げた。各章で取り上げたテーマや論点はそれぞれ異なり、ストーリーとして連続しているわけではないので読者の皆様にはそれぞれの関心の所在に応じてどの章から読み始めていただいても不都合はない。

本書は国際政治の概説書ではないし専門書でもない。言わば随想的な「読み物」の類だが、日々のニュース・メディアの報道に欠けがちな多角的視点と時間軸（歴史）の中でアジア主要国の内政と対外関係の動き、およびその背景にあるものを捉えようと試みたものである。もちろん、この種の論考においては著者の不勉強による誤解や欠落、あるいは思い込みによる偏向があるかもしれない。それらの諸点については著者としてご叱責を甘んじて受けるつもりであるが、同時に本書で提示される多角的な視点や論点が読者の皆様の国際情勢理解の一助になるのであれば著者としてこれに過ぐる喜びはない。

CONTENTS

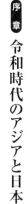

序章

令和時代のアジアと日本

平成時代の日本は国際的な存在感、影響力を漸減させてきたが、これとは対照的に中国のそれはアジアはもちろん、世界的に見ても著しく増大した。今や、中国は経済分野だけではなく政治的・軍事的にも米国との二極構造を構築しつつあり、令和の時代には技術の分野においても世界をリードする存在になる勢いである。かつて日本の技術は世界一流と評価され、工業製品の品質に至っては他国の追随を許さないレベルにあった。その日本がバブルの崩壊を経た1990年代の後半ごろから急速に勢いを失い、ここ10年ほどの間に、意図せずして「普通の国」になりつつある。

日本がGDPベースで世界第2位の経済的地位を失い、中国がこれにとってかわった2010年代のはじめごろから中国の対外的な影響力拡大も顕著となった。毎年2ケタ台で膨張する軍事費が近隣諸国にとって「明確な脅威」と感じられ始めたのもこの時期である。米国のオバマ政権（2009－2017年）による対中融和外交は、彼我の対照的な経済状況もあずかって、中国の覇権主義的な台頭を許し、アジア地域における米国の権威の失墜を招いた。米国の弱気を読んだロシアがシリアに軍事介入しクリミア半島を併合したのに続いて2022年にウクライナに軍事侵攻したのも同じ理由による。米中国交正常化とベトナム戦争終結後の50年間、アジアは相対的な平和の中で成長と繁栄を享受してきたが、今やそうした時代は終わろうとしているように見える。では、これからのアジアはどうなるのか、令和期に入った日本はどう生きるべきか。本章ではこうした問題を考えてみたい。

中国の2つの選択肢

向こう20〜30年のアジア情勢を展望する時、第一に考えなければならないのは、経済・軍事大国となった中国の対外姿勢の行方である。2021年に中国共産党は創立100周年を祝い、四半世紀後の2049年には中華人民共和国の建国100周年を迎える。仮に、この間に中国がこれまでのような経済的な発展を享受し軍事的な膨張を続ければ、習近平指導部が唱える「中華民族の偉大な復興」、すなわち、中国が経済・軍事両面で米国に追いつき世界を二極化する超大国になることは確実である。多くの専門家もこうした事態を予想する。歴史的に見ると、中国はかつて唐、元、清の各王朝時代（皮肉にもこれら王朝は漢民族による支配ではなかった）に世界に君臨したことがあり、近隣アジア諸国は形式上とは言えこれに隷属する形で朝貢を行うことを余儀なくされた。今の中国が夢見ているのはこうした時代の再来かもしれない。

しかし、中国の発展と膨張が今後も彼らの望む通り順調に続くかどうかはわからない。むしろ、私は、そうはならないのではないか、と思う。そう思う理由はいくつかある。その第一は中国の国内状況の変化である。鄧小平が改革開放路線を主導して以来、中国経済は安価で豊富な労働力を誘因として外国資本を呼び込み、労働集約的な産業を急速に発展させてきた。逆の言い方をすると、労働人口の膨張を外資導入によって吸収し、就労機会を提供してきたのであって、国内の労働市場の安定のためには一定の経済成長を持続することが至上命題であった。ところが、労働賃金の急速な上昇によって労働集約的な産業の多くは（外国資本の場合と同様に）国外に移転せざるを得なくなり、国内での産業高度化と資本集約型産業の発展は、付加価値を上昇させるものの、若年労働の吸収力を弱める結果を招きつつある。電気自動車（ＥＶ）産業への国家的なテコ入れもすでにＥＵの反発に直面しており焼け石に水になるのではないか。電気自動車はガソリン車と異なり高度の技術を要しないので、資本さえあればどの国でも（インドやベトナムでも）生産可能であり、ライバルは次から次へと出てくる、

また、国民生活が豊かになれば高等教育への進学率が高まり、不可避的に賃金上昇を招く。しかし、産業高度化によって労働市場は相対的に縮小し、就業機会が狭まることで、今や、中国各地で「大学は出たけれど…」の状況が生まれつつある。今、中国の若者の間で「宝くじ」がブームになっているようだが、一攫千金の夢を追う彼らの姿はまじめに働こうという勤労意欲の低下の反映かもしれない。不動産業を核に膨らんだバブルは今や破裂寸前の状況（ＩＭＦによれば地方の公的融資機関おける23年の債務残高は１３００兆

円を超える）にあり、習近平政権による経済統制強化もあってこれが中国経済全体の低迷を招き就職難に拍車をかけている。若年失業者が街にあふれるようなことになれば社会不安は避けられないだろう。少子高齢化の問題やウイグルなどの民族問題もある（民族問題については本書第5章で詳述する）。

ふたつめの理由は対外関係の悪化である。中国経済の急速な拡大は、その国内市場の巨大さと相まって、外国経済にも多大な恩恵をもたらしたが、同時に各種の摩擦も生じさせている。現下の米中経済摩擦がその好例だが、欧州からも巨額の対中貿易赤字に警鐘を鳴らす声が上がっている。国営企業を中心とする中国経済には外国資本に対して閉鎖的な慣行が多く残っており、欧米諸国を中心に不公正感は高まっている。知的財産権の侵害に対する彼らの不満、警戒心も強い。こうした対外経済摩擦が続けば中国経済は確実にダメージを受ける。経常収支も赤字になるだろう（注：余談ながら、私は豊富な外貨準備・融資資金の存在を前提とした「一帯一路」構想もいずれ頓挫すると見る。すでに四千億ドル、日本円換算で59兆円を超えている貸付金の相当部分が回収不能になるとの予想もある）。

かと言って、経済を完全に開放することは共産主義国家の存立理念と矛盾しかねず、非効率な国営企業の弊害も露呈して、別の困難に直面することになる。日本を含めて他の多くの先進国が経験してきたように、経済成長率は次第に鈍化し、いずれ5％台から4％台の成長を甘受せざるを得なくなるのではないか（中国政府が発表する公式統計と違い、すでに実態上はそうなっているとの見方もある）。これこそ経済的な「新常態」だが、成長が停滞し、社会的な不満が高まれば、中国共産党による統治の正当性が問われることにもなる。これからの中国経済の運営はその規模が巨大であるだけに極めて難しいものになるのではないか。軍事力の強化と威圧的な外交が周辺国の脅威感を増大させ、これをライバル視する米国の懸念も招いていることは言うまでもない。

もうひとつ、中国には国内治安への不安が常に付きまとっている。それはウイグルやチベットでの民族問題だけではない。国土が広大なだけに地方農村で何が起こっているのかには目が届きにくいし、全国に広がる貧富の格差拡大や特権階級の汚職腐敗の問題は特に都市部における貧困層の間に「不満のマグマ」を蓄積させていると想像される。若年層には過度の競争に疲れ果て学歴社会から脱落し、職に就くことのないまま無気力に日々を過ごす「寝そべり族」（タンピン主義）の現象が顕著になっているという。彼らは住宅を持てず結婚・出産も断念せざるを得ない。

また、貧困農民支援のための共同富裕政策も農民の強制的移住によって生まれ故郷の農村から追い出す結果を招き逆に不満を生み出す一因になっていると聞く。かつて文化大革命と天安門事件を身をもって経験した習近平総書記は若者の「怒りのマグマ」が暴発した時の社会破壊の威力を極端に恐れ、治安警察の強化と情報統制、監視網の整備に躍起となっている。若き日の習近平は父親の習仲勳から農民重視の教えを受けたと言われるが、これも中国の歴代王朝が大規模な農民反乱によって崩壊した歴史から学べということだったのかもしれない。

しかし、今の中国では工場立地を整備する目的などで農地を強制収容する事例が後を絶たず、このために全国あちこちの農村で大小さまざまなデモが発生しており、当局によるモグラたたきが続発しているようだ。こうした抑え込み政策は一時的な効果はあるだろうが長い目で見ればいざ暴発した時のエネルギーを静かに潜伏・増幅させる結果を招き逆効果になるのではないか。「ゼロ・コロナ政策」に対する若者の不満（いわゆる「白紙運動」など）にもその一端が窺えた。そう遠くない将来にネット社会と共産党一党独裁が対峙する日が来るかもしれない。

こうした経済・社会状況は新たな対中懸念を生じさせる。それは安全保障政策への影響である。国内に困難をかかえ党・政府に不満が高まる状況に直面した時の為政者の選択はふたつにひとつ。諸外国との摩擦を解消するために融和的・協調的な政策をとるか、逆に、対外強硬策に出て国民のナショナリスティックな感情を煽ることで国内の不満を外に向けさせるかの選択肢だが、古今東西共通の歴史的教訓は、為政者が後者の道を選ぶ可能性が高いということである。加えて、中国には人民解放軍というやっかいな軍事勢力が存在し、これが融和的な政策を阻む可能性もある。特に、日本や東南アジアの国々（ベトナム、フィリピン等）との間で東・南シナ海における島々の領有権問題をかかえている中、軍部の意向は無視できないだろう。

確かに、米国との間には領土をめぐる懸案はないが、アジア太平洋地域における軍事・経済大国としての覇権争い、そして台湾をめぐる問題は今後一段と深刻さを増さざるを得ない。習近平指導部にとっての最良の選択は、軍事・安全保障面での緊張の高まりを一定限度に抑えつつ、経済面では国際的な協調・協力関係を維持（回復）することだろうが、実際のところは厳しいかじ取りになる。国内世論が一方的に対外強硬策に向かうのか融和政策を求める方向に向かうのかが分かれ目となろう。現在の習近平政権は前者の道を突き進んでいるように見え、日本の対中外交もこの辺りの中国国内事情を勘案しつつ取り進めなければならない。

台湾危機への備え

中国との関係で、台湾の問題についても一言述べたい。中華人民共和国建国１００周年を迎える２０４９年までの25年間を見通せば、「台湾危機」は何度か発生するだろう。中国としては一国二制度を好餌として台湾を飲み込んでしまいたいところだろうが、台湾島に対する中国本土の実効支配は（太平洋戦争直後の極く短期間を除いて）すでに124年間も及んでいない。3世代にわたって共産中国と対峙し、過去30年にわたって自由な体制と経済発展を謳歌してきた台湾の人々が（たとえ平和的な手段によるものであっても）いまさら中国本土との統一を望んでいるとは思えない。2024年1月の総統選挙で民進党の頼清徳候補が勝利した事実がそのことを端的に示している。

こうした状況下にあって、台湾統一を核心的利益と考える中国が一国二制度による平和統一路線がうまく進まないことにしびれを切らして実力行使に出る可能性がないとは言い切れない。その第一段階は「強制的な平和統一」とも表現される武力による威嚇（現在すでに進行中）だろうが、今後、経済・社会的困難によって中国国内に共産党政権への不満が高まり、かつ米国が実力で台湾を防衛する意志を弱めた（そう中国が判断した）時には、本当の台湾危機が訪れるかもしれない。台湾統一問題で習近平政権がもたつけば過激に走る党内・国民世論の反発もあり得る。2022年、ペロシ米下院議長の台湾訪問の際に見られた一部世論の過熱した「怒り」は米国に向けられたと同時にこれを阻止できなかった習近平政権に向けられたものでもあったと解釈されている。

翻って、日本と台湾の関係を見ると、正式の外交関係こそないものの、両者の関係は着実に発展している。台湾は日本にとって中国、米国、韓国に次ぐ第4の貿易パートナーであり、2022年の輸出入総額は880億ドルに近い。人の交流で見ると、日本を訪問する台湾人の数がコロナ前の2019年に476万人に達し、何と単年度に台湾人の5人に1人が訪日するという驚くべき状況になった。日本に在住する台湾人の数は2023年6月末時点の統計で6万人（うち2万5000人超が永住者）を超え、留学生だけでも7500人を超える。他方、台湾を訪れる日本人の数も漸増しており、2019年の数で217万人、特に修学旅行の日本人高校生が5万6000人（458校）と旅行先別で世界最多を記録した（ただし、2020年以降はコロナ禍の影響で大幅減少）。日系企業の進出も着実に増え、2022年7月時点の調査（帝国データバンク）で3124社に達している。台湾在留邦人数は同年10月末時点で2万人を超える。

私が特に人の交流の現状に着目するのは、仮に本格的な台湾危機（中国による武力行使）が発生した場合に、これらの人の動きがどのようになり、日本政府としてそれにどう対応するのかが気になるからである。台湾に在住ないし滞在する何万人という邦人が（民間機が飛べないような状況下で）一斉に帰国を望んだ時にどうするのか。危険を犯して与那国島に船で避難するのか。また、逆に、日本に在住ないし旅行中の台湾人が急遽一斉に帰国を望んだ場合、何十万人という単位で移送する手段などないだろう。台湾の人口は2400

万人弱だが、難民・避難民が大量発生する事態も想定しなければならない。

特に、台湾人の中には日本に永住したり不動産を所有する者が年々増えているので、（地理的な近接さも考えれば）第一の避難先は日本になることを覚悟しておかなければならない。八重山列島や宮古列島、沖縄などの南西諸島には多くの台湾人が船で辿り着くかもしれない（注：太平洋戦争末期の沖縄戦に先立って、沖縄島民1万2000人以上が船で台湾に疎開した歴史がある）。日本政府としては考えたくもない悪夢のシナリオだろうが、向こう25年間のことに思いを馳せれば絶対に起こらないとは言いきれない。これまで朝鮮半島危機に際しての難民・避難民の受け入れや邦人保護については相応の関心が向けられてきたが、台湾危機も同様に深刻な事態を招くのである。

2023年秋にNHKのBS放送が『康熙帝〜大河を統べる王〜』という中国の大河ドラマ（全40話）を放送していた。中国での放映は前年の末頃である。このドラマには清朝の第4代皇帝・康熙帝が側近の反対を抑えて台湾の武力統一を決断する場面が出てくる。鄭成功軍を破り、実際に台湾を統一したのは340年以上前、1683年のことである。今、中国でこうしたTV番組が放映されている事実は意味深である。

「朝鮮半島統一」という危険な幻想

２０１８年８月15日、韓国の文在寅（ムン・ジェイン）大統領（当時）はいわゆる「光復節演説」で２０４５年までに朝鮮半島の統一を実現したいと語ったことがある。まるで、オリンピックで南北合同チームを結成するような感覚で連邦制国家の構築を考えているようにみえた。誰でも一国の指導者になれば、後世に伝わるレガシーを残したいと思うのだろうが、もし、今の北朝鮮体制との間で半島統一を図ろうとしたのであればそれは正気の沙汰ではない。オリンピックの合同チーム結成とは訳が違って、核兵器を保有する北朝鮮は否応なく韓国を軍事的に威圧し、北朝鮮主導の「キム統一王朝」の成立という結果になる。その時には米国の支援も日本の協力も得られないであろうから韓国は孤立無援の中で社会主義国家への道を歩まざるを得ない。

私は、かつて、北朝鮮の金正恩は、ベトナム型の南北統一（すなわち北が南を共産化する）を夢見ているのではないかと論じたことがある（拙著『ベトナム・アジア新論』／発行・振学出版）。この読みは今も変わらないが、予測が外れつつあるのは韓国の大統領までもがそれを望んでいたらしいことである。元民主活動家で左翼思想家でもあった文大統領にとっては韓国の民主体制を守るよりも（たとえ南が共産化しても）朝鮮半島を統一（いわゆる「赤化統一」）することの方が優先度が高かったのかもしれない。しかし、こうした考えは彼を大統領に選んだ国民への最も重大な裏切り行為だったろう。

朝鮮半島の統一を主張する韓国国民の一部には北朝鮮を民主化する形での統一が可能と夢想する人たちがいたのかもしれないが、現実にそれはあり得ない。韓国の保守派の中には文政権の北朝鮮寄り政策を深刻に懸念する人々が増えていたらしいが、もっともなことと言わざるを得ない。しかし、文大統領の任期は幸いにも2022年5月で終了した。文政権の朝鮮半島統一（少なくともその「下地作り」）に向けた対北融和政策は失敗に帰した。2032年夏季オリンピックの南北共同開催案などの「思い付き」も今では思いだす人もいないだろう。問題は韓国の尹錫悦（ユン・ソギョル）現大統領が一般世論の動向次第で今後どのような対応を見せるのかだ。今でこそ同大統領は北朝鮮に厳しい姿勢をとっているが任期の後半になると変化があるかもしれない。世論の支持率が大幅低下するようなことがあれば対日強硬外交が起死回生の選択肢になるのは韓国政治の常である。かつての李明博（イ・ミョンバク）大統領のように韓国の左派・右派世論に屈し大統領自身が竹島に上陸するという曲芸を演じた例があるだけに私の心配は尽きない。老婆心ならぬ老爺心である。

従来、日米韓の軍事連携で東アジアの平和と安全の維持に取り組んできた日本にとって上記のような文・前大統領の対北姿勢は大きな懸念材料であった。仮に朝鮮半島が統一され、核保有国になり、かつ社会主義体制の下で中国の「冊封国家」にでも成り下がれば日本の安全保障にとって重大な事態を招く。正に、19世紀末に日清戦争に至った歴史の繰り返しである。

今は文政権当時のような対北融和政策が再来することがないよう尹政権との安保対話・情報共有を強化することが肝要であり、そのために日米間で連携していくことも欠かせない。金正恩が核兵器の放棄に応じざるを得なくなるまで（例えその実現可能性が限りなく小さいとしても）徹底して経済制裁を続けるべきだ。韓国の政権が交替するたびに対北政策が揺れ動く事態は好ましくない。北朝鮮に対しては我慢比べに徹し、政策の大転換か現体制の自壊に期待をつなぐのが唯一の選択肢だろう。ただ、令和時代を通じて対北関係の悪化と日韓関係の浮沈の繰り返しは避けがたく、朝鮮半島情勢は日本にとって大きな頭痛の種であり続ける。

印パ対立を克服できない南アジア

多くの日本人は南アジアの動静に関心を向けないが、経済的な結びつきだけではなく、地政学的に見ても日本にとっては極めて重要な地域である。インドと日本との経済関係は近年緊密化している。貿易面でこそ日本にとって第19番目のパートナー（2022年）に留まるが、近年は日本からの直接投資額が着実に増えている。地理的には日本から見ると遠いが、中東やアフリカ地域に目を向ければ重要な拠点国になり得る。インド洋が日本にとって死活的に重要なシーレーンであることは言を俟たない。また近年、インドがいわゆる「グローバルサウス」の盟主としての積極外交を展開していることも注目に値する（このことについてはインドの戦略的自立外交の問題と合わせて本書第9章で詳述する）。

私がインドの重要性に着目するのは、世界最大の民主国家と言われるこの国の南アジアにおける絶対的な存在感である。インドが民主国家であるから隣国のパキスタン、バングラデシュ、スリランカなども何とか民主体制を維持できているのではないか。また、インドはイスラム過激主義がこの地域に蔓延する防波堤の役割も果たしている。もうひとつ、インドが日本から見て地理的に「中国の向こう側」に隣接していることも安全保障の観点からは無視できない。中国にとって、北のロシア（今でこそ中露蜜月を演出しているが、ポスト・プーチンまで見通せばこの先果たしてどうなるか）および南のインドの存在は、東アジアのみに軍事的関心を集中できない理由になっている。

インドにとって誠に悩ましいのは（中国との関係に加えて）パキスタンの問題であろう。英国からの分離独立の経緯とバングラデシュ独立（1971年）の際の紛争から両国が良好な関係を樹立するのは難しく、これに宗教対立とカシミールにおける領土紛争の存在が拍車をかけている。両国とも核保有国である。加えて、米国、中国、ロシアなどの大国が陰に陽に両国の背後で動いているために容易に対立解消の糸口が掴めない。現在は、インドにヒンドゥー教至上主義、パキスタンに民族主義の政権が生まれているために対立は容易に止まない。日本としては印パ両国と基本的に良好な関係を有しており、双方の自制を呼びかけ続けるしかない。

もうひとつ、忘れてならないのは、スリランカやモルディブといったインド洋上の小国に中国の影響が及んでいることである。中国は「一帯一路」構想の一環としてこれらの国々のインフラ整備に多額の資金を貸し付け、港湾の管理・運営権を取得しようとしている。さすがに中国があからさまにこれらの国々の内政や権益に干渉しようとすれば親インド派からの反発も出てくる。インド自身にとっても中国軍のインド洋進出は安全保障上ゆゆしい事態を招く。日本にとって、インド洋を安全なシーレーンとすることはその国益に叶うことであり、こうした小国への外交的なアプローチを欠かさないことが肝要である。安倍政権以来のインド太平洋戦略はさらに強化されなければならない。

「食は民の天なり」を地で行く東南アジア

紀元前の中国・春秋時代に老子という思想家が「食は民の天なり」と喝破した。ここで言う「天」とは一番大切なものを意味し、老子は「王者は民人を以て天となし、民人は食を以て天となす」と言ったようだ。要するに、国の指導者にとっては国民が安心して十分に食べられるようにするのが第一の務めであり、そのほかのことは第二、第三の問題にすぎない、ということだろう。私はこの言葉を思い出すたびに東南アジアの政治はまさにこれを地で行っているのではないかと思う。

最近までタイの軍事政権やフィリピンのドゥテルテ大統領による非民主的統治、そしてシンガポールやマレーシアで長く続く専制的政治も国の経済を豊かにしてくれる限り多くの国民にとっては支持すべき政権だった。この点ではベトナムやミャンマーもカンボジアも変わらず、民主化した今のインドネシアですら状況は大同小異である。欧米諸国からは東南アジア各国の非民主的な政権運営に批判が向けられているが、これらの国々の国民にとっては政権が経済を発展させ生活を豊かにしてくれれば、つまり「安心して十分に食べさせてくれれば」、政治が民主的かどうかは二の次の問題なのである。これを逆に言えば、たとえ民主的な政権でも安心かつ十分に食べさせてくれなければ、その政権は支持するに値しないということである。

日本にとって東南アジア外交の基本はこの地域の国々の政権が民主的であると同時に国の経済が安定的に発展することを支援することにあるが、両者が両立しない場合は経済面を優先せざるを得ないということだろう。かつてミャンマーで軍事政権が続き、アウンサンスーチー氏の民主化運動が弾圧された当時は国連のミャンマー制裁に参加したこともあるが、軍事政権との関係を完全に断つことはしなかった。また、当時は（そして現在も）、軍事政権が鎖国的な政策を推し進め、国民に安心して十分食べさせるという役割を果たしていたかどうかも疑問で、経済の改革開放こそがミャンマーにとって重要だと考えたことが日本の制裁参加の理由だったろう。タイのプラユット前軍事政権と良好な関係を維持したのも同じ理由による。

今、ＡＳＥＡＮ諸国は日本にとって中国や米国を超えて最重要の貿易・投資パートナーになりつつある。また、人の交流という点でも、この地域は重要である。ＡＳＥＡＮ諸国からはコロナ前の２０１９年に４００万人近い訪日旅行者があり、日本に在住する者も２０２３年６月末には１１２万人を超え、在日中国人数（約79万人）を大きく上回った。

また、同じ時点でベトナムをはじめとするＡＳＥＡＮ諸国からの技能実習生（32万人）や特定技能者（15万６０００人）の数も増加している。ただし、コロナ禍の影響で留学生の数が6万6000人まで大幅減少しているのは残念である（中国人留学生数は2倍近い12万4000人）。一方、ASEAN諸国に在留する邦人数は同じくコロナ禍の影響で若干減少したとはいえ2022年10月時点でなお合計19万人以上になり、中国に在留する邦人数（約10万人）の2倍近い数になっている。ベトナムやフィリピンをはじめ、この地域には親日的な国が多く、日本にとっては身近な存在になっている。

ASEAN重視に向かうべき日本のアジア外交

ASEAN諸国は貿易投資関係のみならず地政学上もますます重要な国々になっている。中東から日本への原油の海上輸送ルートはマラッカ海峡やロンボク海峡を経由するのでこの地域の安定が欠かせない。また、近年、東西経済回廊が開かれたことでインドシナ半島の陸上輸送ルートも重要性を帯びつつある。ASEAN諸国は地域協力を加速させることで6億7000万人の統合体として成長してきており、アジアにおける重要な安定勢力になっている。

また、ASEANはASEAN+3やASEAN+6といった日本や中国を含めた広域協力の核になっている他、東アジアサミット（EAS）やASEAN地域フォーラム（ARF）といった国際会議を主催することで地域の平和と安定に貢献している。ASEANは、これらの地域協力や国際会議を主導する（ドライバー・シートに座る）のはあくまでも自分たちであり、関与する大国に振り回されたくないとの政治姿勢を鮮明にしている。確かに、ドライバー・シートに座るのはＡＳＥＡＮだとしても、本体を動かすエンジンは日本が提供できる。つまり、日本はＡＳＥＡＮ側に協力構想を示し連携を深めることで、アジアの安定と発展に寄与する可能性を拡大できるのである。日本はＡＳＥＡＮ地域の発展に向け、長いことＯＤＡを主要な支援ツールとしてきた。しかし、今やＡＳＥＡＮ各国の経済発展を受けてそうした「援助の時代」は徐々に終焉の時期を迎えつつあり、これからは人材育成や産業・物流、教育・文化交流、あるいは科学技術の面での協力に相互の関係をシフトさせていく必要があるだろう。安全保障面での協力ももちろん重要である。２０２３年12月に東京で開催された日・ＡＳＥＡＮ特別首脳会議の結果もその方向を示している。

最後に、もうひとつ、付け加えたいことがある。それは経済・軍事の両面でアジア地域での影響力を急拡大させている中国との関係である。中国は多くのＡＳＥＡＮ諸国にとって最大の貿易パートナーになっており、直接投資も拡大基調にある。その意味でＡＳＥＡＮ諸国にとって中国の経済的な存在感は着実に増しているが、南シナ海における領有権の問題をめぐってはベトナムやフィリピンなどと対立関係にあるため、安全保障面での対中警戒心も高まる傾向にある（このことについては本書第6章で詳述する）。この点で日本といくつかのＡＳＥＡＮ諸国は利害関係を同じくしている。日本としてはこの地域で中国の影響力が過大になる事態は避けたい。日本のアジア外交は中国との関係や朝鮮半島の情勢に振り回されがちだが、長期的な視点で見ればＡＳＥＡＮ諸国との関係発展こそ一段と重視すべきであり、令和時代を通じて最大の外交努力を注力しなければならない。

第1章

「異文化の衝突」の視点から見る日韓関係

~尚文軽武と「恨の文化」の歴史的背景を考える~

日韓両国民を隔てる「心のバリア」

世界のどこを見渡しても隣国というのは仲が悪いものである。国境を接し多くの人が行きかうだけに常にトラブルが起こる。1つの問題を解決してもすぐに次の問題が起こるので平穏な時がない。お互いの国民どうしの感情もこじれやすい。ましてやかつての植民地・帝国主義の時代のように国家というものが攻撃的な性格を強め自国の利益を優先する対外政策を展開すれば衝突が起こるのは必至である。

日韓関係もこじれ続ける隣国関係という点では同じ範疇に入るのだろうが、しかし、私が個人的に見るところ、どうもこうした「一般的な隣国事情」だけでは説明しきれない特殊性が両国関係の基底に存在するように思えてならない。つまり、この両国の関係には政治や外交では解決し得ない民族的・文化的な相克があり、それを認め合った上で「利害を調整しあう関係(#政治・外交対話のパイプの維持)」、換言すれば「事態の最悪化を回避すべくマネージし得る関係」を構築するしか現実的な選択肢がないように思われる。慰安婦の問題にしろ、いわゆる徴用工の問題にしろ単に戦前・戦中における日本の朝鮮半島支配に起因する問題として政治的に解決しようとしても朝鮮(韓国)の人々の「心の問題(屈辱感)」までは解消できないからである。韓国で政権が交替すれば政府間合意すら簡単に反故にされかねないことは文在寅・前大統領時代に経験した。彼らは常に日本側が「歴史に向き合い、過去を反省し、こころから詫びる」ことを求めるが、彼我の歴史認識に根本的な違いがある以上、真の意味での政治決着の道はないのではないか。

私は日韓関係の持続的な改善なるものには悲観的である。もちろん、短期的・表面的な改善は可能だろうし、現在の尹錫悦（ユン・ソギョル）政権のように日韓関係を重視しようとする外交姿勢が出てくることは大いに歓迎されるが、ポスト尹がどうなるかはわからない。日韓関係は根幹的な部分において相互の違いが大きすぎ局面を根本的に打開しようと努力しても徒労に終わることがほとんどだろう。昨今の日本における韓流ブームの隆盛や人の交流の深まりは隣国間の相互理解には役に立つし、場合によっては互いに親近感を抱くことを可能にするかもしれない。ただ、こうした親近感は一部の人の間に限定され、韓国左派勢力を含めた国民全体のレベルにまでは浸透しない。日韓親善は些細なトラブルが起こるだけで一気に吹き飛んでしまう性格のものだろう。

日本人と韓国人（朝鮮人）の間には目に見えない「心のバリア」が存在し、これが国と国の関係に大きく影響している。本章ではその「心のバリア」の正体を遠い過去までさかのぼる中で考究してみたい。両国の国民性の違いは単に相互理解を困難にするというレベルではなくいつでも相対立し衝突しかねない状況にすらあるのではないか。四半世紀前、米国の政治学者サミュエル・P・ハンティントンはその著書で「文明の衝突」を論じたが、次元は違えども両国関係の現況を「異文化の衝突」という視点から俯瞰することができれば、上述した「最悪化の回避」の道筋も見えてくるような気がしてならない。

尚文軽武思想VS武士道精神

19世紀の後半、朝鮮半島への侵出に邁進した日本では「日韓同文同種」論が盛んに吹聴され、これが1910年の日韓併合を正当化する論拠にされた。日本書紀には出雲の神である素戔嗚（スサノオ）が天界から地上に降臨する際にまず朝鮮半島（新羅国）に降り立ち、しかる後に日本（出雲）に渡ったとの記述がある。これを一つの縁故として日韓同祖論が主張され、同じ漢字・儒教文化圏に属することで「同文同種」の民族とされたようである。実際、文化人類学においても、紀元前に南方系の人々が北上した際に日本列島だけでなく朝鮮半島南部にも定着した文化的形跡があるという。まあ、日本人と朝鮮人は顔立ちなど外見が酷似しているので、日韓同祖論は信じられやすかったのであろう。また、事実として日本の飛鳥時代、朝鮮半島の三国時代の頃までは両地域の人々は海を渡って盛んに行き来していた。大和朝廷に仕えた人物の中には多くの渡来人がおり、彼らが仏教などの大陸文化を招来したことは当時の文献や遺跡発掘によって実証されている。「国境」のなかった時代には両岸の人々が自由に往来し交じり合って、文化を共有し合った「開かれた時代」があったことを窺わせる。

さて、こうした時代を経た後のことであるが、朝鮮半島では6世紀末~7世紀半ば頃に北（中国大陸）から隋や唐の大規模な侵攻がたびたびあり、特に高句麗は国家存亡の危機を何度も経験している（実際、668年に滅亡した）。三国時代のことであるから三国それぞれの間でも頻繁に戦いが繰り返された。高句麗の広開土王や淵蓋蘇文、新羅の金庾信といった勇者・智将の活躍振りは凄まじく、まさに「武人の時代」だったことが偲ばれる。ところが、統一新羅の末期から高麗朝に至ると武人の存在感は希薄になり、文人官僚（士大夫層）が国政を動かすようになる。朝鮮王朝（1392~1910年）の500年間に至っては武人の地位は凋落し、文人、特に儒者官僚が権力党争に明け暮れつつ国政を牛耳った。国王はしばしば名目的な存在となり、その廃立さえ廷臣の意のままになる時代が続いたのである。16世紀の末、豊臣秀吉が起こした文禄・慶長の役（朝鮮史にいう壬辰・丁酉の倭乱）の際に海戦で大活躍したかの李舜臣将軍さえ執権側によって手駒のごとく扱われていたという。朝鮮史ではこうした状況を「尚文軽武の風潮」と表現している。

興味深いのは同時代に日本史がまったく逆の潮流を経験していることである。飛鳥時代から平安時代までは天皇を擁しつつも実質的には貴族が政治を動かした。武人は貴族の荘園を衛るために登場したが、こうした地侍たちは平安時代後期にかけて徐々に力を蓄え、平清盛の時代に政治の実権を握るに至る。その後、鎌倉時代から室町時代を経て江戸時代まで武士政権が続き、貴族層は実質的に政治の表舞台から消えてしまった。16世紀の戦国時代には武人（侍）たちが全土で暴れまわった。これに対し、先述の通り、朝鮮半島では、10世紀に高麗朝が成立してから20世紀はじめに朝鮮王朝が倒れるまでの実に千年間にわたって実質的に「文人の時代」が続いており、７００年近くにわたった日本の武士政権の時代よりはるかに長い。

この武人と文人の統治時期の逆転現象は日本人と韓国人（朝鮮人）の世界観・価値観に決定的な違いを生みだしたように思われる。つまり、日本では武士道精神なるものが育まれ、これを貴いものとする価値観が定着したのに対し、朝鮮半島では後述するように儒教による尚文精神が醸成され、武を徹底的に卑しんだのである。華夷思想による世界観も同根であろう。実は日本で鎌倉幕府が開かれた頃、朝鮮半島で「武臣の乱」なるものが起こり、１００年近くにわたって武人が政権を掌握した時期がある。しかし、武人どうしの抗争によって短期で瓦解し、日本のように武士政権が長期持続することはなかった。この時の武臣による統治があまりにもひどかったことが朝鮮史における「忌まわしい記憶」として残り、以後、朝鮮半島において武人による政権掌握を容認する国民世論が生まれることは二度となかった（戦後になって韓国で軍人政権が登場するが国民の目は終始冷ややかだった）。

朝鮮半島における文人の台頭において科挙と呼ばれる高級官僚の登用・任用制度の導入（958年）がもたらした影響は決定的である。歴代国王は地方豪族や建国功臣の一族が力を持ちすぎるのを抑えるため科挙による高級官僚・若手儒者の登用・任用を積極的に進め自前の側近団を形成するように努めた。しかし、彼らの多くは儒教的選民（エリート）意識が強く、一般大衆の利害や苦しみを無視して派閥を形成し権力党争に明け暮れるようになる。儒者は武を卑しむ一方で文化的な優越感を強める。外敵に国土を蹂躙されてもそれを蛮族のいやしい所業と受け止め、自分たちは武を持たない文化人であるので敗北は止むを得ないと自らを慰めて心の安寧を得るのである。文禄・慶長の役の時もそうだったし、日韓併合に対しても同様の思いを深め、「野蛮な日本」を蔑視した。自らの脆弱な国防体制を反省して次に起こる非常時に備える思考法をとらない。それが華夷秩序の高位に位置する「文化国家」（小中華）であることを誇りとし自己満足に陥った韓国・朝鮮が歴史的にかかえた通弊であり、鎌倉時代や幕末・明治期の日本との大きな違いである。

崇儒排仏vs神仏習合

仏教は中国から朝鮮半島経由で日本に伝来した。6世紀のことである。では、仏教が中国から朝鮮半島に伝わったのはいつかというと、三国時代の高句麗と百済には4世紀、新羅で公認されたのは6世紀のことだったようである。日本には百済の仏僧がもたらした。朝鮮半島の三国には儒教や道教も伝わったようだが、仏教のみが鎮護国家の精神的な支柱として国家の保護を受け、多くの寺院が建てられて民衆の間にも普及・定着した。ただ、統一新羅の時代（676〜935年）になると儒教が中央集権的官僚政治を支える指導理念となり儒教教育・文化の発展も見られるようになる。さらに、高麗朝（918〜1392年）の後期、13世紀の末頃に中国の元朝から朱子学がもたらされると次第に仏教は圧倒され、朝鮮王朝になると完全に儒教が支配的な政治イデオロギーになる。

高麗朝の末期には儒学の宗匠である李穡（イ・セク）学門に鄭夢周・鄭道伝という二人の俊秀が現れ、儒教的王道政治を志向する。ただ、この二人は王朝を改革するのか、これを倒して易姓革命を実現すべきかで対立し、前者の立場をとった鄭夢周は暗殺され、後者の立場の鄭道伝は後に国王となる英雄・李成桂を支えて朝鮮王朝建国の最大の功労者となった。しかし、不思議なことに、朝鮮王朝を通じて万古の忠臣として仰がれたのは鄭夢周の方であり、建国の功労者であったはずの鄭道伝は逆族の汚名を着せられ続けることになる。その理由は鄭道伝が第三代国王・太宗の就位に反対したこともあるが、一旦新王朝が成立した以上、易姓革命を唱えて前王朝を倒した経緯は「不都合な事績」となり危険思想家として歴史から抹殺されたということであろう。建国の最大の功労者が逆賊になり、これに反対した者が万古の忠臣になるという皮肉は、朝鮮の歴史家・学識者が思想的正統性を優先させ現実がどうであったかを直視しない（軽視・無視する）性向を持つことを如実に示している。

ともあれ、朝鮮王朝五百年を通じて儒教は朝鮮朱子学ともいうべき「性理学」（宇宙論・形而上学の究極的な究明）として大いに発達し、大学者を次々と輩出した。かれらは「斥仏揚儒」論を展開し、仏教を邪教として徹底的に批判したため、かつての護国仏教の姿は完全に消滅した。また、後述するように、度重なる「士禍」で権力を追われた儒者・士大夫層が都から地方に落郷し、書院と呼ばれた私学校を設立して庶民の間に儒教を広め、あるいは、「郷約」と呼ばれた儒教的約定を農民と結ぶことによって農村に強固な政治的基盤を確立していったことも注目に値する。

これらの儒者・士大夫層は当然に時の政権に批判的であり、その思想傾向は自らの境遇に不満を持つ庶民・農民の間で共有され、政権の失政と相俟ってしばしば反政権の暴動・

反乱の引き金になっている。しかし、清廉潔白の哲学を説いた当の儒者・士大夫層も政変によって政権に復帰すると再び汚職・腐敗、派閥党争に明け暮れ、彼らを信じ支持した庶民・農民を失望落胆させる結果となる。これが繰り返されると庶民・農民は政権も学識者も信じなくなり、失政・不祥事のたびに暴動が起こる。今、韓国の歴代政権に対して繰り返される大衆の抗議運動の根源も上述した歴史事情と無関係ではないのではないか。

では、日本の場合はどうであろうか。6世紀に日本に招来された仏教は多少の摩擦はあったものの翌7世紀には朝廷側の受容するところとなり、神道の伝統とも折り合いをつけて習合した。そして8世紀には護国仏教としての地位を確立する。平安時代には「孔子の教え」としての儒教も日本に伝わり、貴族・知識人の「教養」として広く受け入れられた。日本では外来の宗教でも神道世界に吸収されてしまい、互いに対立・排斥し合うところが少ない。「少ない」というのは戦国時代末期から江戸時代にかけて時の政権がキリスト教を弾圧したり、明治初期に仏教を排斥したりした事例があるからだが、しかし、一般庶民のレベルで厳しい宗教観が拡がることはなかったように思われる。

儒学も江戸初期に朱子学が忠君・滅私奉公の哲学として武士層で学ばれるが、朝鮮王朝時代の性理学のように学問（形而上学）として究め尽くされることはなく、むしろ「葉隠」に象徴される武士道の精神こそが政権を支配する士族層の主流哲学になっている。一般庶民の間にも江戸時代の寺子屋教育などで儒教倫理が広まるが、それはいわば「道徳」としてであり、朝鮮半島のように厳格な「家族倫理」として上下・長幼の人間関係や男尊女卑、あるいは日常生活様式の隅々までを厳しく律することにはならなかった。こうした事情・背景も日本人と韓国・朝鮮人の間での相互理解を難しくするひとつの要因になっている。

派閥党争vs和の精神

韓国の時代劇ドラマを観ていて驚くのは政権内における策略と陰謀の激しさであり、繰り返される派閥党争の結末のむごたらしさである。高麗・朝鮮王朝時代の国王はしばしば無力な存在だが、しかし国王を取り込んだ側がいわば「官軍」になり、対立する一族・派閥を徹底的に排除する。しかし、排除された側も黙ってはおらず密かに国王に接近して逆襲の機会を窺う。この辺りの展開が実にドラマチックで、韓流ドラマに病みつきになる日本人も多い。朝鮮史を通じて権力闘争が止む時期はほとんどなく、国王自身も時にこれを逆用して実権の回復をはかろうとする（いわゆる「換局」）ので話がややこしい。

朝鮮党争史の極めつけは15世紀末から16世紀にかけての「士禍」と呼ばれる一連の政変であろう。新興の儒臣層（士林派）と既得権益を握る豪族・門閥（勲旧派）との激しい権力闘争で、政変の成否・勝敗によって国王の側近集団が根こそぎ入れ替えになる事態が頻発した。また、新興の儒臣層も一旦政権を掌握すると彼らの間で内部対立が始まり分派を繰り返す。16世紀末には些末な礼教解釈の違いで論争し、東人と西人に分党、その十数年後には東人が南人と北人に、さらに17世紀後半には西人が老論と少論にそれぞれ再分裂する有様である。

こうした党派の「細胞分裂」は際限なく続き、そのたびに激しく対立して政権掌握と失脚劇が繰り返されるのである。嘆かわしいのはこうした党争が国家存亡の対外危機の際中にも続発していることで、豊臣秀吉による朝鮮半島侵略や北方からの後金（後に中国で清を建国）軍の侵入に直面しても国難そっちのけで政争に明け暮れている。普通の国ならたとえ国内で争いがあっても一旦国難となれば結束して外敵に当たるのが通例だと思われるが朝鮮王朝ではそうはならなかった。国家の存亡よりも党派抗争が優先されるのは韓国人（朝鮮人）の性癖に由来するものだろうが、政治的・思想的正統性への執着と国家観のあらわれと見ることもできる。

日本史を振り返るとき、もちろん、その時々の政権において権力闘争・派閥抗争は起こっているが半島の場合ほど激しくも執拗でもなかったように思う。日本人は基本的に論争を好まず集団の和を大切にする。また、稀に発生した対外的な危機においても（幕末時の例外はあるが）それなりに国民が結束したのではないか。確かに、朝鮮王朝の党派抗争の場合、外敵の侵入があっても政権中枢の人間は逃げてしまえば安全だが、党争に敗れた場合は失脚にとどまらず族滅のおそれすらある。国土が蹂躙されようが庶民が大量殺戮の憂き目を見ようが身内さえ安全・安泰ならどうでも良いのかもしれない。国家指導層におけるこうした身の処し方は現代韓国の政治を見る時にも大いに参考になるような気がする。

恨の文化vs恥の文化

比較文化論的にいうと朝鮮の人々を特徴付けるのは「恨（ハン）の文化」であり、日本人の場合は「恥の文化」らしい。我々の「恥の文化」については鎌倉武士の「名こそ惜しけれ」の精神を持ち出すまでもなくほとんど自明のことのように思うが、「恨の文化」はわかりにくい。単なる怨み辛みの感情を指す言葉でもなさそうだし、誰に対する何の「恨み」なのかも不分明である。事典を紐解くと「恨は朝鮮文化においての思考様式の一つで、感情的なしこりや、痛恨、悲哀、無常観をさす朝鮮語の概念」と意味付けされ、日本の歴史学者の古田博司氏（元筑波大学名誉教授）は「伝統規範からみて責任を他者に押し付けられない状況のもとで、階層型秩序で下位におかれた不満の累積とその解消願望」と説明している。どうもややこしい。

私なりに解釈すれば「歴史的に頻発した外敵の侵略で犠牲になり、また、時の政権からの苛斂《かれん》誅求によって塗炭の苦しみを味わった一般庶民の怨念であり、加害者側の力が強大なために晴らしようがなく、やり場のない鬱憤が累積した感情」である。事実、朝鮮史における外敵の侵入は頻繁かつ大規模であり、その都度、多くの一般民衆が略奪と殺戮の犠牲になっている。古くは紀元前2世紀末に漢帝国が侵入して楽浪郡などの半島支配拠点を構築した歴史があり、7世紀には隋、続いて唐の大軍による大規模な侵攻を何度も受けている。10世紀以降には契丹族、女真族、モンゴル族、後金軍などによって国土が蹂躙された。賊徒の侵攻としては14世紀に中国の紅巾軍、日本の倭寇の侵略の例がある。

さらに19〜20世紀には日本の支配を受けるという屈辱を味わっている。高句麗の時代までは朝鮮側も激しく反撃し、侵略側（隋・唐軍）を撃退することもしばしばであったが、高麗・朝鮮王朝期は政権側が（大義名分を掲げ、言葉だけは勇ましいものの結局は）逃亡ないし屈服して、専ら一般庶民がバラバラと義勇軍を結成してゲリラ的反抗を試みるのが常であった。日本による植民地化の過程で発生した反日義兵運動もそうした事例のひとつであろう。韓国において一般大衆が政権を信頼しない傾向が強いのも過去の歴史と深く関係している。

朝鮮には仇討ちの伝統・習慣がないと言われる。日本には赤穂浪士や曾我兄弟の逸話を持ち出すまでもなく、明治のはじめに仇討ち禁止令が出るまでは主君や親・夫の仇を討つのは家臣や子・妻の務めであるとの考えが広く共有されていた。中国においても紀元前の春秋時代末期に楚出身の伍子胥が父と兄を殺された復讐のため隣国・呉の宰相に上り詰めて祖国を滅ぼす話があるが、こうした仇討ちの例は数多い。ところが、朝鮮史には（私が知る限り）仇討ちの話は出てこない。韓国の有識者の中には朝鮮人には復讐という考え方そのものが存在しないとまで言い切る者がいる。その理由に思いを馳せてみると、儒教の影響や軽武の伝統で武力の行使自体を卑しんだこと以上に、復讐すべき相手（政権・外敵）が強大過ぎて仇の討ちようがなかったという事情が与っていたのではないかと推察される。これは無常観にもつながるもので、私見として「恨の文化」の定義で述べたことである。

もうひとつ、韓国の時代劇（映画・TVドラマ）を観ていて驚くのが奴婢・賤民の数の多さである。欧州も含めてどこの国の歴史においても戦争の末に征服され捕虜となった人々が奴隷にされる話は出てくる。朝鮮半島においても事情は同じだったろう。ただ、この半島では刑罰や人身売買によっても奴婢・賤民の「身分」に落とされ、しかもそれが階級秩序の最下位に位置付けられ、親から子へと身分が世襲されて何百年も続くという特異性が看られる。高麗朝から朝鮮王朝まで従父従母法が施行され父母のうちどちらか一方が奴婢だとその子女はすべて奴婢となるという定めもあった。この奴婢制度は１８９４年に全廃されるまで続き、多くの悲劇や暴動・反乱などの社会不安の種となっている。彼らが

「階層型秩序で下位におかれた不満」を累積させ、世の有り様を恨む思いを心底に沈殿させたことは容易に想像できる。両班という特権・エリート層の存在と合わせ、この辺りの事情は日本とは大いに異なる。

ところで、韓国では毎年3月1日に1919年の反日独立運動を記念する公式行事が開催され、大統領が演説するのが恒例になっている。私が少々驚いたのは2019年の行事の際に100年前の抗日デモで逮捕・獄死した柳寛順という少女（逮捕時16歳）に対して建国第一等勲章が追贈（翌2020年9月には記念切手が発行）されたことである。こうした一連の行事は（私が見るところ）決して反日が第一義的な目的ではなく、不幸にして南北に分裂してしまった祖国がかつて政治的独立を目指して一致団結していたことを国民的に想起させるためであり、別の意味では「恨の文化」のあらわれなのではないか。朝鮮史には何百年もかけて子孫が先祖の汚名を晴らす話が出てくる。とにかく、韓国人は過去に執着する国民性を持っており、「未来志向」は難しいのではないかと思う。

結語：同文同種という幻想から生まれる異文化の衝突

本章の冒頭で述べたように、明治期の日本には朝鮮の人々を「同文同種」と考える主張があった。現在ではそう考える日本人はおらず、しかもこうした主張は皇国史観による半島支配を目的とした誤った政治的口実だったとして完全に否定されている。私は、数々の理由から日本人と韓国人（朝鮮人）はまったくの異人種であり、このことを出発点として相互理解に努めることが両国の関係を最悪の事態に至らしめないために適切なアプローチだと考えている。かつて、司馬遼太郎が街道をゆくシリーズの第2巻『韓のくに紀行』（朝日出版）の中で、「朝鮮人は世界でもっとも政治論理のするどい民族だと思っている。政治論理というものは奇妙なもので、鋭ければ鋭いほど物事を生まなくなり、要するに不毛になっていく性質のものだ」と述べているが、先述した朝鮮王朝における性理学の極度の発達とこれに結び付いた厳しい党派党争の歴史は司馬氏の見解が正鵠を射ていることを示している。

『物語　韓国人』（文藝春秋刊）を著した田中明氏はその中で「李朝以来の儒教知識人の思考方式は、自己を相対化できず、おかれた条件を直視せず、名分論をかざして黒か白かを迫り他者を斬る発想」と指摘しているが、これにも私は同感である。韓国の文化心理学者のハン・ミン氏も著書『線を越える韓国人　線を引く日本人』（飛鳥新社）の中で同じようなことを言っている。朝鮮の人々はとにかく思い込みが激しく現実の状況を顧慮することなく独断専行するようなところがある。自己の主張は絶対正しいと信じて妥協を峻拒《しゅんきょ》する。こうした信条頑なな隣人と付き合うには日本人の側に相当の忍耐が必要であろう。そうでもしなければ「異文化の衝突」は留まることなく続くことになる。本章の冒頭で触れたサミュエル・P・ハンティントンの著書『文明の衝突』の原書タイトルには「世界秩序の再創造」というサブタイトルが添えられている。さしずめ、本章の表題も「異文化の衝突―日韓関係の再創造」とすべきだったかもしれない。

第2章 合従vs連衡の時代に入った東アジア

中国の「戦狼外交」でキナ臭さを増す東アジアにおいて米国のバイデン政権による外交が積極さを増している。アフガニスタンでの消耗戦で国力を削り取られていた米国は拙速もかえりみず同国から強引に撤退し、これによって生まれた軍事・安全保障上の余力を中国との「競争」という長期戦に投じるという。アフガニスタン撤退直後の2021年9月に豪州、英国との新たな安保協力の枠組みであるAUKUSを発足させると同時に、日本、インド、豪州との4か国協力枠組みであるQUADの首脳会議をワシントンで主催したのは手早い動きだった。豪州とは潜水艦建造に関わる豪仏契約を破棄させてまで原子力潜水艦の導入に協力することをコミットし、フランスを激怒させた。フランスは欧州において英国と並ぶNATOの中核メンバーだが、NATO重視の立場からフランスとの関係を優先させるという判断はとらなかった。2022年2月に勃発したウクライナ戦争への対応でNATOの重要性は再認識されているものの、フランスとの関係は冷え冷えとしたままである。「欧州より東アジア」というバイデン政権の外交・安保戦略のシフトは長期的には動かず、米国は今後ますます対中包囲網の形成・強化に邁進するだろう。

岸田政権も相当の覚悟をもって日米安保体制の強化に取り組む必要があるし、韓国、台湾、ASEAN諸国も中国との関係で難しい選択を迫られる局面が出てくるのではないか。東アジアを取り巻くこうした安保状況の変化は紀元前の中国戦国時代末期における「合従・

連衡」の歴史を想起させる。昭襄王から始皇帝時代の秦が中国全土を統一する過程の山場となった外交上の重大な動きであり、その中心にいた人物が二人の縦横家、すなわち蘇秦と張儀である。本章ではこの時代の主要国間における戦略的な駆け引きがどのようなものであり、如何なる結末を迎えたのかを回顧することで今後の東アジア情勢の展開を読み解くヒントを得たいと思う。

蘇秦と張儀

紀元前の中国、戦国時代の後期に縦横家と呼ばれる外交弁舌家の集団が誕生した。こうした人びとの中で最も有名なのが先述した蘇秦と張儀である。二人とも同じ時期に鬼谷先生と呼ばれた人物が主宰した私塾（「謀略学校」といってよい）で学んだ。権謀術数の奥義を極める鍛錬である。時は紀元前4世紀の末、戦国七雄が覇を競い合った時代だが、最も西方に位置した秦が実力を蓄え強大化しつつあり、中原の地に韓、魏、趙の3ヵ国、その北方に燕、東方に斉、南方に楚といった有力国があったものの、どの国も単独では秦の強大な軍事力に対抗できず、その侵略の脅威にさらされていた。他方、秦としてもこれら6ヵ国（特に大国の斉と楚）に連携されては攻めるのが難しく、そこに縦横家が暗躍し得る余地があったのである。

司馬遷の『史記』によれば、蘇秦は洛陽の人で卑賎の出身である。彼は自分の弁舌の才を信じて先ず地元の周王室を訪ねたが名ばかりの存在の割に気位の高い顕王に相手にされず、続く秦でも失敗した。そこで鬼谷先生の助言を得て燕の文侯に会いやっと売り込みに成功する。口上はきまって「ご当地は誠に天府であります」から始め、「ただ惜しむらくは…」と続けて改善点を指摘するのである。最後に国力強化に向けての持論を展開し、その実行には自分が必要だと説得すれば、「じゃあ、やってみろ」ということになる。文侯には秦の脅威に対抗するために中間に位置する趙を防壁とすべくこれと和親を結ぶよう働きかけ、自ら燕の使節となって趙の粛侯との会見に臨んだ。

秦と国境を接する趙はその脅威を最も強く感じており、粛侯には「趙単独では残念ながら秦に対抗できません。ただ、燕と同盟していれば秦も攻めては来れません」と言い、「しかと左様か」と念を押されれば「絶対に間違いありません」と断言する。内心は半信半疑でもここは断言することが説得の鍵になるのである。こうして燕趙同盟を実現した蘇秦は次に韓の宣恵王を訪ねてこれを口説き落とす。「鶏口となるも牛後となるなかれ」の警句はこの時に放った蘇秦の有名な決め台詞である。残り3ヵ国も同様の手口で順次説き伏せ、ついに6ヵ国の「合従」を実現し、自らは6ヵ国それぞれの宰相を兼務するという立身出世を果たす。

この「合従」の柱は大国である斉と楚の同盟であるが、両国は不和の種を多くかかえており、些細な事でも対立する危険がある。燕と斉も犬猿の関係にあり、その和親をこわすのは容易い。ここに目を着けたのが秦に乗り込んだライバルの張儀である。各個撃破の「連衡策」を唱え、秦王の説得に成功した。彼は、合従した6ヵ国それぞれの国境沿いに争いの種を播き、カネをばらまいて各国内に親秦派を育て、各地で蘇秦の悪口を言いふらす。謀略がうまく行かなければ、蘇秦暗殺の刺客まで送り込んだ。

結局、燕の王母とあらぬ関係にあるとの噂を流布された蘇秦は斉に亡命し、そこで親秦派に取り込まれていた譜代の大臣諸卿に殺害されてしまった。頼みの楚でも反秦派の筆頭であった屈原（詩人としても著名）が斉との同盟維持を訴えたが、国王以下有力廷臣までが色とカネで秦に篭絡され、ついには孤立・絶望の果てに入水自殺に追い込まれる始末。

結局、連衡策の圧勝となり、6ヵ国は順次滅ぼされて秦の中国統一（紀元前221年）が実現するのである。現代の東アジア情勢と引き比べる時、何とも意味深な話である。

同門対決の東アジア史

先述の「合従と連衡」の歴史を紹介する中で、蘇秦と張儀が鬼谷先生と呼ばれた縦横家の兄弟弟子で、かつライバル関係にあったことに触れた。東アジアの歴史を振り返ると同門の俊秀が時代状況に翻弄される中、激しく対立し、時に雌雄を決する死闘に発展することも珍しくはなかった。蘇秦・張儀の時代から下ること約100年、始皇帝誕生直前の秦に韓非子と李斯という他国生まれの天才的な法家が客卿となり、秦の国力強化に尽力した。この二人は「性悪説」で知られる荀子の門下生で、韓非子は法による国家統治の理念を説き、李斯は実践を重視して厳しい刑法体系の整備に邁進した。しかし、やがて李斯は思想家としての韓非子の高い能力と秦王による篤い信頼に嫉妬して、事実無根の汚名をきせて韓非子を捕縛・牢内自死に追い込んでいる。李斯は外国人が政権の要職にあることを快く思わない譜代の廷臣の心理を利用して韓非子をスケープゴートに仕立て上げたのだが、その火の粉は巡り巡って自分に降りかかってくる結果となり、始皇帝の死後に宦官との権力争いの中で処刑されている。

朝鮮半島では朱子学を学んだ若手儒者の間で同門対決が激しかった。最も有名な話は高麗朝の最末期（14世紀末）に起こった鄭夢周と鄭道伝の対立である。このことは前章でも触れた。二人は大儒・李穡（イ・セク）門下の俊秀で共に机を並べて勉学に励んだ仲だが、衰退著しい高麗朝の立て直しか易姓革命による打倒かで激しく対立し、朝鮮王朝の建国者・李成桂を支えた鄭道伝は出世し、立て直しに固執した鄭夢周は暗殺されている。この間の事情は前章で詳しく紹介した通りである。

本章では15世紀半ばの成三問と申叔舟の対決を取り上げたい。二人は世宗時代に最高の学才と言われた儒者で、集賢殿で机を並べて共に読書に励んだ仲だが、世宗没後にその後継者をめぐって意見が食い違い、激しく対立することになった。世宗が後事を託したのは直系の孫である幼王・端宗だったが、実力者の首陽大君（幼王の叔父にあたる後の世祖）が端宗を強引に廃位に追い込み自ら王位に就いた。これを非道とし端宗の復位に動いた儒者集団の先頭に立ったのが成三問であり、謀反を企図したが失敗し斬刑に処されている。成三問は厳しい拷問を受けたが先王の遺志と儒教的義理観から端宗の復位こそ正論として譲らず、その思想の堅固さから後代にわたって忠臣の鑑として高く評価された。謀反の中心人物らは「死六臣」と呼ばれ、今でも韓国の映画やTVドラマの主人公になっている。他方、申叔舟の方は世祖の強いリーダーシップに魅せられ、永らくその側近として活躍、多くの業績、著作を残したが悪役の域を抜け出せていない。彼は使臣として来日したこともあり、その時の記録が『海東諸国記』として編纂されている。

最後に、我が日本の儒学界の場合はどうだったかというと、江戸中期の儒者・新井白石と雨森芳洲の対立が良く知られている。新井白石は18世紀の前半期に第6代将軍徳川家宣、続いて第7代将軍・家継の侍講を務め、幕政に深く関与した政治家である。他方、雨森芳洲は対馬藩において朝鮮担当の書記を務めた人物で、中国語・朝鮮語に堪能で朝鮮通信使来日の折には折伴役を勤めている。二人は若かりし日に江戸時代を代表する儒者・木下順庵の門をくぐり、後に木門の五先生とか十哲とか言われた俊秀である。室鳩巣や榊原篁洲なども同門であった。

白石と芳洲は30年以上にわたる交友を重ねたものの、18世紀のはじめに白石が朝鮮通信使の待遇を簡素化（格下げ）することを決めたことで、古礼を変えるべきでないと主張した芳洲と激しく対立した。以後交友は途絶し、お互いの存在を無視するほどの不仲になった。白石は晩年の著『折たく柴の記』の中で芳洲のことを「口先だけの人」と酷評し、芳洲は歴代の儒者人物・学識を品藻した『橘窓茶話』においてひとり白石だけは外した。対朝鮮認識の絶望的な不一致が招いた悲劇である。儒者の対立はまことに激しいが、ただ、中国や朝鮮半島の場合と異なり日本においては論敵を殺害してまで排除しようという過激さはない。幸いなことと言わねばならない。

中国の戦狼外交と米国の対抗戦略

さて、以上は余談である。本題に戻りたい。今の中国は経済力・軍事力を急速に強め超大国として振舞い始めている。対外的にはその力を持って現状を変更しようとしており、周辺国はその軍事的脅威にさらされている。まるで紀元前の戦国時代、始皇帝誕生直前の秦の姿を見るようである。習近平は２０２２年の第20回全国代表大会（共産党大会）で総書記に、その後、２０２３年に国家主席にも再々選されて習近平一強体制が確立、まさに現代版の「始皇帝誕生」と言えなくもない。もちろん、中国が単に経済的に大国になるというだけなら何の問題もなく、むしろ周辺国にとっては経済機会の拡大として歓迎されるべきことである。しかし、南シナ海や東シナ海から果てはインド洋まで軍事的に進出し、支配的な影響力の拡大に邁進する対外姿勢を見る時、とても楽観視していられない。

こうした状況に対応しようというのが世に「中国包囲網」と呼ばれる周辺国連携の動きである。正に、本章の冒頭に紹介した蘇秦の合従策を思わせるような外交展開である。これを主導するのが米国で、日本、韓国、台湾、ＡＳＥＡＮ、豪州、インドなどが周辺関係国になる。「自由で開かれたインド太平洋」の構想というのもこの意図から打ち出された面がある。しかし、これら周辺関係国の立場はマチマチで、各国の利害・思惑にも違いがある。この状況も、蘇秦時代の斉や楚など6ヵ国の関係とそっくりである。確かに蘇秦は一時的に合従策に成功したかに見えたが、6ヵ国の連携は甚だ脆弱で、秦の連衡策によって簡単に分断され、結局各個撃破の憂き目にあった。

中国の外交戦略は秦の連衡策そのものである。周辺国相互間の利害の違いを読み、そこを刺激して対立を煽る。各国内に親中派を育てるべくカネをばらまき、孔子学院のような拠点を順次構築する。中国の言いなりにならない国は軍事的・経済的に脅す。親中姿勢を見せる国には愛想を振りまき援助の手を差し伸べる。反中・嫌中の人物には陰に陽に不利益が生じるように裏から手を回す。これらすべてが、かつて秦が各個撃破に使った手である。狙いを定めた国を攻撃する前には横やりを入れそうな国に友好使節を送り込み和親を提案している。秦が趙を軍事攻撃する前に楚に使節を送って大金を贈与し、国王には秦の美人を妾に献上することまで約束した。楚は秦に軍事攻撃される心配はないと安心し、斉との同盟を断ち切ったが、その時を狙っていた秦は援護のない楚を一気に攻め滅ぼしたのである。楚の宰相・屈原は秦の悪意を読み抜き、斉との同盟を維持するよう国王に諫言したが容れられず自殺に追い込まれたことは先述した。

この文脈で中国のTPP（環太平洋パートナーシップ）加盟申請の狙いも考えたい。今の中国には2200年前の秦と違い、武力だけでなく経済力というもうひとつの大きな武器を有する。東アジアにおける中国包囲網という合従策を打破するには武力という「ムチ」だけでなく、経済関係という「アメ」を巧妙に使い分けすることができる。この両者を組み合わせることで各個撃破し包囲網の形成を阻止することは一層容易である。中国がTPPへの加盟を申請するや早速マレーシアやシンガポールのみならずニュージーランドまでこれを歓迎する意向を表明している。日本やオーストラリア、カナダなどが慎重な姿勢を示しているが、これだけで中国の分断策は半ば成功している。仮に加盟交渉開始となればこの分断は一段とシビアなものとなろう。中国外交の戦略のひとつに諸外国の対中経済依存度を高め、これをテコに中国の主張に同調させ要求を受け入れさせるという長期的な思惑がある。もちろん、TPPに関しては広範な関税撤廃・引き下げや国有企業優遇の廃止など加盟のハードルは高く、かつ新規加盟には現加盟国すべての同意が必要であるなど早期の加盟実現は難しいと承知していようが、台湾の取り扱いも含めて現加盟国の立場が分断されれば目的のひとつは達成である。

今の米国は中国に対する甘い幻想を捨てている。2013年、国家主席就任直後に訪米した習近平はオバマ大統領との会談で「南シナ海を軍事基地化するつもりはない」と明言したが、その後の展開はまったくの逆で、今や南シナ海の島々は中国海軍の基地、要塞となっている。経済的にも多額の対米投資や米国農産品の購入などを約束したが、大半は実現していない。加えて、中国の核戦力の急拡大や海軍力の強化が西太平洋における米国の軍事的優位を脅かす事態になっており、もはや看過できない状況にまで至っている。

東アジアにおいて中国の覇権が確立されれば米国にとって経済的な国益をも大きく損なうことになりかねない。トランプ大統領時代にTPPから離脱したのは米国の大失政だが、バイデン大統領になっても国内事情からTPPへの早期復帰は期待できない。だとすれば、米国に残された選択は中国のTPP参加を何としても阻止し、貿易・投資関係を強化し、サプライチェーンの中に取り込むことでインド太平洋諸国を米国側に惹きつけておくことであろう。こう考えれば米国による中国への「経済的封じ込め」も続くことになるし、この面からの東アジア各国への圧力も今後一段と強くなると予想される。

ここに来て米国にとって追い風となっているのが欧州諸国の間で中国に対する警戒感が高まっていることであろう。英国とNATOに続き2021年9月にEUが新たなインド太平洋戦略を発表し、南シナ海やインド洋で軍事的覇権を強めようとする中国の政策に強い懸念を表明している。英国が空母打撃群を南シナ海に派遣したのに続き、フランス、ドイツも艦船を派遣するに至っている。経済面では欧州諸国の対中警戒心はさらに強い。中国が一帯一路構想をもとに主に東欧諸国への投資を拡大し、経済的影響力を扶植しつつあることはEUの経済統合を進める上で障害になっている。同じ2021年、欧州議会がEU中国包括的投資協定の批准を差し止め、また台湾との政治的な関係強化を決議したのもこうした懸念が強いからである。米国にとっては投資、特に技術の対中移転に関連して欧州と連携できれば心強いに違いない。これによって対中包囲網は補完され、一段と強化されるからである。

日本の選択

我が国は、以上に述べて来た対中包囲網形成という「合従策」の中で重要なリングのひとつとならなければならない。日本と中国は昔から「一衣帯水」の関係にあるといわれ、地政学的に深く結びついているだけに、中国が覇権主義的な対外姿勢を強めればその影響は直接的に及ぶ。我が国は何としても中国が地域の不安定要因となることを阻止しなければならない。昨年来、習近平指導部は国内向け政治キャンペーンとして「共同富裕」の標語を高唱しているが、この標語は東アジアの平和と安定を基礎とした地域経済全体の「共同繁栄」にも向けられたものでなければならないだろう。

もちろん、対中包囲網の狙いは中国の孤立化を目指すものではまったくない。むしろその逆であり、中国が地域発展の良きパートナーとして各国協調体制の一員になる誘因をもたらすことが目的である。習近平は中国共産党創立100周年の行事で「中国は各国と友好を深め、信頼され愛される国にならなければならない」と演説したが、その言に偽りがなければ、なぜいま対中包囲網が形成されようとしているのかを熟考すべきであろう。現実に、強圧的な外交・対外経済政策を推し進める今の中国と真の友好関係を築きたいと思う国はなく、信頼されても愛されてもいない。このことを自覚することで新しい中国の建設が始まるのではないか。

第3章

永楽帝と習近平を隔てる600年の歳月

2022年前半の約半年間にわたって某民放BSテレビが『永楽帝、大明天下の輝き』という中国歴史ドラマ（全45話）を放映していた。永楽帝は明王朝の第3代皇帝でドラマはその生涯を描くものであった。私はそれなりに楽しんで視聴したが、ストーリー展開としては同じ民放テレビが2021年に放送した『大明皇妃』（全62話）の方が永楽帝没後の時代展開が描かれているという点でより興味深かった。『大明皇妃』の主人公は第5代皇帝・宣徳帝の皇后であった孫若微で、中国の人気女優であるタン・ウェイが演じている。韓国ドラマの場合もそうだが、中国の歴史ドラマは脚色が甚だしく史実に忠実とは言い難い。ただ、その点を割り引いても、巨額の予算を使って撮影した映像には見ごたえがあり、特に宮殿の壮麗さと戦闘シーンの迫力はNHKの大河ドラマなどは到底足元にも及ばないほどの出来栄えである。歴史好きの私としては史実歪曲のストーリー展開が大いに気にはなったが、半分はフィクションだと割り切ればそれなりに楽しめるTVドラマであった。

実は私の関心は全62話の前半、31話まで準主役級で登場する永楽帝（朱棣）の描かれ方にあった。永楽帝の治世は西暦1402年から1424年までの22年間で、決して長期在位ではないが、その64年間に及ぶ生涯は実にドラマチックである。彼の人生最大の賭けは1398年7月に第2代皇帝・建文帝に反旗を翻し、3年に及ぶ激闘の末についに皇帝側を打ち破り自ら帝位に就いた反乱、いわゆる「靖難《せいなん》の変」である。建文帝は明の初代皇帝・

洪武帝の直系の孫（長男・朱標の子）であり、洪武帝の四男である永楽帝にとっては甥にあたる。叔父が皇帝となった甥を武力で打倒するという骨肉の争いだが、その実は「謀反」・「反逆」・「簒奪」であり、中国の儒教道徳からすれば許されざることである。事実、この時、建文帝の側近や主だった臣下はことごとく処刑され、明代を代表する大儒と言われた方孝儒に至っては命に背いたとの理由で一族郎党全員873人が刑場の露と消えた。この陰惨な出来事は後々まで明史の汚点として記憶されることになる。永楽帝の治世はこれらの「負い目」を背負って船出したのである（因果応報とはあるもので、永楽帝の次男・三男も彼らの甥にあたる第5代皇帝・宣徳帝に謀反を起こしている。この時は皮肉にも甥の側が勝利した）。

中国の習近平国家主席はその国家統治スタイルの近似性から永楽帝に比定されることがある（新潮新書に山本秀也著『習近平と永楽帝—中華帝国皇帝の野望』があり両者の共通点を詳述しているらしいが私は未読である）。永楽帝の治世には光と陰が相半ばしているが、それは習近平の場合も同じであろう。永楽帝の治世は15世紀はじめの四半世紀で、今からちょうど600年前にあたる。私は永楽帝の肖像画を見ていて何となく「習近平に似ているな」と思ったのが両者を対比して見るようになったきっかけである。もちろん、時代背景も国を取り巻く内外情勢もまったく異なるが、その人物像や統治スタイルに多くの共通点があることに興味を覚える。本章ではやや強引ではあるがあえて両者を対比し、永楽帝が後代に与えた影響（負の遺産）とその後の明王朝の顛末まで見通すことで、中国という国のこれからの行く末を垣間見てみたいと思う。

革命2世としての生い立ち

明王朝は、14世紀末、元朝末期に起こった紅巾の乱という農民反乱の中から誕生した。この乱世を生き抜き最後に勝ち残ったのが朱元璋という男であり、後の洪武帝である。彼は農民の子であり、自らも流浪の僧となり、飯を食うために反乱軍に身を投じるところから立身出世の街道を突っ走ることになる。永楽帝は先述の通り洪武帝の四男であり、農民革命の第二世代、「革命2世」ということになる。革命が成功し父親が帝位についたのは彼が8歳の時である。

この点は習近平もほぼ同じである。彼の父は後に中国共産党の最高幹部（いわゆる「八大元老」の一人）となった習仲勳であり、幼少期はその威光にくるまれて成長した。いわゆる太子党を代表する典型的な「革命2世」である。ただ、彼が生まれたのは共産党が政権奪取に成功した4年後の1953年であり、反乱軍の頭目の一人となった父親と共に戦場をさまよった朱棣（後の永楽帝）の場合よりは多少恵まれていたが、他方で、習近平は

13歳の時に始まった文化大革命で父親が失脚、自らも反動学生として十数回も紅衛兵の組織する批判闘争大会に引き出され、4度も投獄されるという憂き目を見ている。多難な幼少期、少年時代を過ごしたという点では同じかもしれない。

次は両者の青年時代における過酷な地方経験である。永楽帝は10歳の時に北平都指揮使に封じられ、21歳の時に国都・南京から北平（現在の北京）に赴いた。元朝の残存勢力はなお蒙古草原で抵抗を続けており、厳寒の中で何度も北伐を敢行せざるを得なかった。皇太子となった長男の朱標らが南方の温かく物産豊かな都で恵まれた生活をおくっていたことの落差は著しい。

一方の習近平も先述の文化大革命のあおりを食らって16歳から23歳までの7年間を陝西省延安市の山村である梁家河村に下放されている。粗末な家に暮らし、飢餓とノミやシラミに苦しめられ、村人からの蔑視に耐え続ける日々だったようだ。一度は北京に逃げ帰ったが再び村に戻されたという。ただ、こうした地方時代が両者のその後の人生の大きな転機になったことは確かだ。永楽帝は北伐に勝利を続け、父の洪武帝に「北顧の憂いなし」と言わしめるほど武人としての実力を発揮し、習近平は村人の中に入り込みその心をつかむことで地元での評価を高め出世の糸口にしている。22歳の時、清華大学に無試験で入学できたのも地元からの推薦があったからだという（この時代の経験から習近平は「人の世は権力がすべてである」との強い信念を抱くに至ったと言われている)。

この地方時代には両者に共通する重要な出会いがある。まず、永楽帝にとっては軍師となる僧・道衍(後に還俗して姚広孝を名乗る)、そして宦官ネットワークを駆使して諜報網(北平耳)を組織した馬三宝(後に鄭和と改名し、インド洋を渡る大船団の総指揮官となる)の二人との出会いが皇帝への道を切り拓く大きな助けとなった。道衍は永楽帝より25歳も年長、鄭和は11歳年下である。

では、習近平はどうかというと、後に反腐敗運動担当のキーマンとなる王岐山(2023年3月まで国家副主席)との出会いがある。二人は文化大革命のほぼ同じ時期に延安市に下放されて知り合い、習近平は5歳年上の王岐山を「兄貴」と慕ったという。習近平は共産党入党後も地方勤務を繰り返すが、名誉を回復した父親の七光りもあって各地で後に共産党幹部となる重要人物との出会いを繰り返し、そのコネを最大限に活かして出世街道を驀進することになる。17年間にわたる福建省時代には後に共産党中央政治局の常務委員になる賈慶林や賀国強の知遇を得、彼らが江沢民派の中心人物だったことから習近平も徐々に江沢民派に組み込まれることになった。続く浙江省では同じく江沢民派の大幹部である張徳江と接点を作り、また、同派のナンバー2で江沢民の側近中の側近と言われた旧知の曽慶江(共産党中央組織部長、後の国家副主席)の口添えで上海市党委書記に栄転もしている。

永楽帝は北京での燕王時代に武人としての圧倒的な実力を示したが、習近平の場合、その地方勤務時代にはさしたる実績はないものの幸運の連鎖の中で共産党トップの人脈にしっかりと繋がり、栄転に栄転を重ねる結果となった。上司に取り入るのが上手かったのかもしれない。この点では二人の資質に大きな違いがあるといわねばならない。

権力集中と恐怖政治

二人が最高権力者の地位に上り詰めてからの国家統治スタイルには共通する点が多い。ひとつは権力の集中である。永楽帝は洪武帝の例にならい中書省とその長官である宰相のポストを廃止し、皇帝が六部を直接支配する体制を敷いた。軍事面でも全軍を管掌する機関を置かず、五軍都督府を置いてそれぞれを皇帝に直属するようにさせている。皇帝の決裁前に全体を統括する者（政権ナンバー2）を置かず自分の段階ですべてを決める独裁的な統治スタイルである。もちろん、皇帝とて全知全能ではないので補佐する者が必要だが、そのために設けた殿閣大学士のポストには高位の人物は配置せず、今の日本で言えばせいぜい局長級の役人を当てたという。地方行政も同様で、民政、軍事、司法をそれぞれ布政使、都指揮使、按察使に分掌させ、総督や巡撫のような個々の地方を統括するような役職を設けていない。徹底した皇帝独裁である（永楽帝は父親の洪武帝と同様に強い猜疑心の持ち主だったようで、他人を信用できない性格も独裁志向を強めたのではないかと推察される）。これでは皇帝に並外れた統治能力が必要であり、当然ながら後代になってこの体制は崩壊している。

実は習近平もこれに似た統治スタイルを採っている。自ら共産党の総書記、国家主席、党と国家の軍事委員会の主席を務め、ダメを押すように中央国家安全委員会の主席も兼務している。また、共産党の中核機関である政治局に習近平派ないしその息のかかった人物を多数配置して組織全般を抑えている。加えて、軍事、外交、経済、文化などの領域に「指導小組」というプロジェクト・チームをいくつも設け、重要な小組には習近平自身が長に就任することで全体を牛耳り、側近の幹部を副組長や秘書長（事務局長）に据えることでさらに組織を盤石なまでに固めている。「小組政治」の横行である。彼の独裁体制は個人崇拝を強要することで今や鄧小平はおろか毛沢東さえ超えるに至っているように見える（ちなみに、習近平の父、習仲勲は２００２年に病死しているが、陝西省における墓は５年後に古代の皇帝の巨大陵墓のごとく改葬され、総面積２万㎡の敷地には記念館も建設されているという。この陵墓の建設を担ったのが当時陝西省党書記だった趙楽際で、現在は、全人代常務委員長、党内序列第３位に栄進している）。

こうした個人独裁には必ず不満を持つ者が出てくる。特に永楽帝のように帝位を簒奪した場合には旧体制の残党がいずれ反旗を翻してくる危険がある。建文帝の側近はその一族を含めて大半が処刑されたが、「靖難の変」のドサクサの中で当の建文帝自身が難を逃れて姿をくらましており、いつ何時その周辺に再び不満分子が集まらないとも限らない。こうした不満分子を探索・摘発し、禍根を断つことが帝位の保持に欠かせない。この「残党狩り」の任務には皇帝直属の「錦衣衛」という治安機関（秘密警察）が当たるが、永楽帝はこれに安心できず、もうひとつ「東廠」というスパイ組織を設けて宦官を任命し、二重三重に不満分子の探索・摘発を行ったのである。正に「恐怖政治」である。特に建文帝本人の捜索は執拗を極め、海外にまで追及の手を伸ばし、鄭和の大艦隊遠征すら目的の一端は建文帝探しであったといわれている。

習近平の場合は共産党支配への不満分子や腐敗の徒を探索・摘発する目的に加え、政敵を倒す手段としても政府の治安機関や党中央の規律検査組織（特に特捜チームの「中央巡視組」）を動員している。彼は盟友である王岐山、配下の超楽際に続き、２０２２年10月からは子飼いの李希（党内序列第７位の政治局常務委員；前広東省党委書記）を規律検査委のトップとする反汚職腐敗運動を展開し、これによって多くの政敵を排除することに成功している。総書記就任早々の２０１３年に英国人ビジネスマンの怪死（２０１１年11月）に絡んで重慶市党委書記で保守派の旗手と言われた薄熙来を起訴し無期懲役の刑に処したのに続き、周永康、徐才厚、郭伯雄らの党最高幹部を党規律違反で順次摘発し、これら江沢民派の中心人物すら血祭りにあげる徹底さを見せた。

江沢民の子分と見られ、その強い後押しで総書記に就任した習近平が江沢民派の人脈を情け容赦なく切り捨てる有様は、正に彼が名実ともに最高実力者の地位に上り詰めたことを強く印象付けた。2020年末には王岐山の側近中の側近と言われていた董宏・前中央巡視組長が摘発され、友人で実業家の任志強にも政権批判の罪で懲役18年の有罪判決が下されており、先述の通り盟友・王岐山も2023年3月に政界を去った。王にとっては2022年5月の韓国大統領就任式典および9月の英国エリザベス女王の国葬への参列が引退前の花道となった。

その一方で習近平は要職に側近を途用しながら「使えない」となれば容赦なく切り捨てる。親ロシア派の側近・外交官で筆頭外務次官を務めていた楽玉成の放逐・降格（2022年）、自ら抜擢したと言われる秦剛外相や李尚福国防相の突然の解任（2023年）などがその例である。「恩人だからこそ潰す」、「側近も容赦しない」という権力闘争の鉄則を冷酷に貫けるか否かが独裁者になるために必要な資質なのかもしれない。周囲を震え上がらせ、絶対忠誠を誓わせる手法を貫徹するのである。

もうひとつ、中国の独裁者は歴史すら改竄できるということを指摘したい。永楽帝は帝位簒奪の汚点を隠蔽するために第2代皇帝・建文帝の存在を歴史から消そうと試みた。「建文」という元号を書き変え、彼の在位中の事績を不存在としたのである。永楽帝最大の功績のひとつと言われる『永楽大典』の編纂すらこの目的のためだったという。この点で興味深いのは大事故を起こした新幹線の車両を地中に埋め、事故発生の事実とその記憶を消し去ろうとする対応や武漢での新型コロナ発生の事実すらうやむやにしようとする習近平指導部の姿勢である。かつての文化大革命や天安門事件もタブー視され、今やこれらに言及する中国メディアはない。中国の指導者にとって不都合な出来事を歴史から消し去ることは難しくはないのかもしれない。

民族復興と世界帝国の夢

２０１２年、習近平は共産党第18回全国代表大会における総書記就任演説で「中華民族の偉大な復興」というキャッチフレーズを打ち出した。彼はこれを「中国の夢」とも言い換え、新政権の政策理念を誇示する一枚看板とした。２０１８年には「習近平思想」の中核的な内容として憲法にも書き込んでいる。復興すべきは近代以前の中国、すなわち漢王朝や唐王朝のように世界帝国として華夷秩序の頂点に位置した時代を再来させようという「夢」なのであろう。何とも誇大妄想の時代錯誤的な思想である。

実は、永楽帝も世界帝国の建設を夢見ていた。彼は父親が打倒した元朝（モンゴル帝国）がユーラシア大陸の全土を征服した世界帝国だったことに思いをいたし、自らの明王朝ではさらにこれを超えた大帝国を建設したいと夢見たのである。第一段階は近隣諸国の征服であり、次に中東アラブ世界に君臨するティムール帝国を倒し、最後は南アジアから東アフリカにまで及ぶインド洋世界を支配せんとする壮大な計画である。この計画の最初の被害国がベトナムであった。ベトナムは10世紀に中国の支配から抜け出した後、400年以上にわたって独立を保ってきたが、1406年、永楽帝の派遣した21万の大軍によって再征服された（しかし、明によるベトナム再支配は永楽帝没後の1428年に地元の英雄レ・ロイの抵抗運動によってわずか22年で潰えている）。

チベットも被害に遭った。ラマ教の諸宗派を分断し分割統治したのである。ティムール帝国との一大決戦はティムール自身の死去（1405年）によって実現しなかった。最後のインド洋世界の征服は鄭和率いる大船団を沿岸各地に派遣し、明に服属する形をとらせることで半ば実現した。1405年の第一次派遣では、全62隻、乗員3万人近い大船団が蘇州の劉家港を出港し、セイロン、カリカットまで到達している。その後も永楽帝の下での鄭和艦隊の大遠征は1422年の第六次派遣まで続いたが、特に第四次派遣ではホルムズ海峡を越え、アフリカ大陸東岸まで到達したのは歴史的壮挙といってよい。習近平の「海のシルクロード」構想はこれを歴史的根拠としている。

ただ、永楽帝の世界帝国建設の夢は自国に最も近いところで潰えている。万里の長城の北、モンゴルの草原を舞台にしたタタール、オイラート諸族との戦いでは皇帝自らが10万の大軍を率いてたびたび親征した。しかし、勝利したのは初戦のみでその後は苦戦を強いられ、ついに1424年の5回目の北伐途上で皇帝が病死するという悲哀を見た。漢王朝に始まり、隋・唐、宋、明、清までの中国の歴代王朝は壮大な夢を追いながら最後には内乱や異民族の侵入によってそれぞれ滅びている。習近平の唱える「中国の夢」も足元をしっかり固めないと同じ運命を辿ることになるかもしれない。

後代に残す負の遺産

「歴史は繰り返す」という。科学的な説明はつかないが、同じ人間がやることだから同じような原因・状況があれば同じような結果になる、ということであろう。本章で取り上げた永楽帝の治世は習近平の中国にとって多くの教訓に満ちている。永楽帝は中国史上で最も強固な皇帝独裁体制を築き、稀有壮大な夢を追いかけた人物だが、同時に帝位簒奪によって誕生した政権は秘密警察とスパイ網で不満勢力を探索・摘発し、治安維持に専念せざるを得ず、そのために国費を費やした。度重なる鄭和の大遠征と皇帝親征の北伐は国家財政破綻の直接的な引き金になっている。このため、明王朝は永楽帝を頂点にその後は衰退の歴史を辿り、17世紀のはじめに李自成率いる農民反乱で滅亡した。永楽帝一代の栄華は、明末までの長く暗い時代を招来したのである。

今、習近平率いる中国は軍事・経済大国となって世界制覇の夢を追いかけている。近隣の海域を軍事支配し、「一帯一路」の構想を展開する。アジアインフラ投資銀行（ＡＩＩＢ）では発展途上の国々に金をバラマキ、影響力の扶植・拡大と利権獲得に邁進している。だが、足元の自国経済はどうか。かつて急速に拡大した輸出攻勢にも陰りが見え始め、資金の海外流出で経常収支は赤字になりそうであり、積み上げた巨額の外貨準備もいずれ減少局面に入るのではないか。「中国製造２０２５」は安価な労働力による粗製乱造の輸出拡大路線が行き詰まる中で、ハイテクを駆使した高付加価値製品（高額品）の輸出を拡大することで労働コストの上昇に対応し外貨準備の目減りを抑え込もうとする方針転換を示すものであろう。ＲＣＥＰ（東アジア地域包括的経済連携）の締結に続くＴＰＰへの参加意欲の表明もこの脈絡で考えると分かりやすい。

しかし、自前の技術開発には人材と時間を要し、知的財産権を無視して先進国から詐取したハイテクで局面打開を図ろうとすれば当然ながら各国の反発を招く。また、停滞する自国経済を浮揚させるべく公的資金を投入し続ければ財政赤字と公的債務の増大が待ち受ける。ＩＭＦによれば融資平台（地方政府傘下のインフラ投資会社）分を含めた中国の２０２３年の公的債務残高は１５０兆元、日本円換算で３０００兆円を超えるという。不動産バブルも今まさに弾けそうであり、ここ2～3年は民間企業・金融機関の破たん件数も急増しているらしい。２０２３年には複数の巨大不動産企業が破綻寸前に追い込まれて、若年層の失業率は21％を超える。連日のように国有企業（大手企業を含む）の社債不履行に関わるニュースが流れているが、社債の購入者の大半が金融機関であることを考えればその不良債権は膨大な額になっているのではないか（専門家筋は日本円換算で優に１００兆円を大きく超えると見積もっている）。習近平の「夢」の足元はぐらつき始めていると見なければならない。

独裁的な国家指導者は長期にわたってその地位に留まろうとすれば国民の共感と支持を繋ぎとめなければならない。また、後世の史家による評価も気にせざるを得ないだろう。永楽帝に限らず中国の歴代皇帝は自分の治世が正史にどう書かれるかを常に気にしながら自らを律してきた。長期政権を目論む習近平も例外ではないだろう。今、彼が多難な状況の中にあって自らの治世のレガシー（事績遺産）を考え始めたとすれば、一発逆転の選択肢は「祖国統一」すなわち台湾の併合ではないだろうか。これ抜きでは「中華民族の偉大な復興」は完成しないし、国民の不満が嵩じた時のガス抜き（国民の関心を外に向け危機感をあおる手段）としてもこれ以上の妙手はない。

もちろん、中国が直ちに台湾に軍事侵攻することはないだろうが、「社会主義現代化強国」実現への中間目標年とされる２０３５年（この年まで習近平が存命していれば82歳になる）まで、遅くとも今後の四半世紀、つまり中華人民共和国建国１００周年を祝う２０４９年までには（当人没後であろうが）祖国の統一を実現したいと願っているに違いない。東アジアをめぐる情勢は今後一段とキナ臭さを増すことを覚悟しなければならない。こうした習近平が直面する諸問題についてさらに次章で深く掘り下げてみたい。

第4章

習近平が「皇帝」になった日

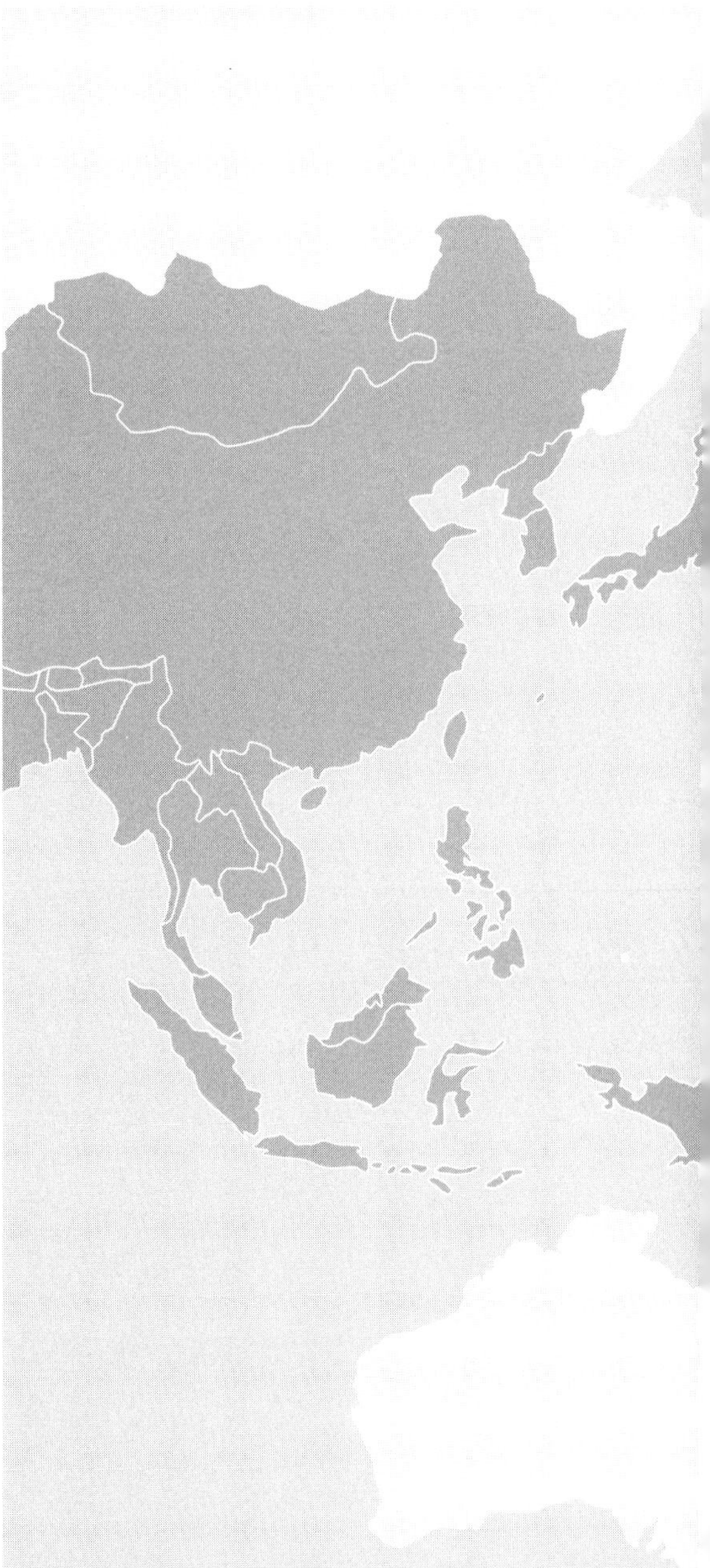

再び習近平総書記にまつわる話。時は2022年10月、北京冬季五輪を終えて8ヵ月、同じ北京市で中国共産党の第20回全国代表大会が開催された。第2章でも触れたように、この時の党大会の最大の関心事は習近平総書記が「2期10年」の慣例を破って三選されるか否かであった。同時に、すでに2018年の憲法改正によって任期の期限を撤廃している国家主席ポストへの残留に加え「党主席」(無期限)のポストを復活させて自らこれに就任するかにも注目が集まっていた。内外メディアはこの可能性が高いことを示唆していた。そして事実として習近平はこの党大会で党主席就任こそなかったものの総書記には三選され、翌2023年3月には全国人民代表大会において国家主席の地位に留まることも慣例通り全会一致で決定された。前党総書記・国家主席の胡錦涛を党大会閉幕日の壇上から締め出し、ライバルの李克強首相を政界引退に追い込み、次代のホープと見られていた胡春華副首相を政治局から排除した。政治局常務委員7名(いわゆる「トップ・セブン」)は全員を自身と自派で固めきるという前代未聞の事態。最早ブレーキ役を担える人物は一人もいない。これによって習近平は名実ともに中国の全権力を無期で掌握、現代中国に「皇帝」が誕生したのである。

2012年、習近平は党総書記に就任した際の演説で「中華民族の偉大な復興」を唱えた。2021年7月の党創建100周年記念式典での演説ではこの言葉を18回も繰り返し、これを「中国の夢」として習近平思想の中核に据えることを宣明している。老若を問わず習近平思想をすべての世代に浸透させ、特に学校教育の場でこれを徹底させせんとしている。個人崇拝の極致である。また、先の100周年記念式典では「赤い遺伝子の継承」を強調し共産党の一党独裁をさらに強化する方針すら示している。この年の11月に開催された共産党中央委（6中全会）での「歴史決議」の採択はその極みである。専制国家と独裁者は常にペアであり不離の関係にあるようだ。

実は中国の歴史を振り返ると同じような様相を呈した時代が何度もある。私は前章で『永楽帝と習近平を隔てる600年の歳月』という一文を提示し、この二人の統治スタイルの近似性（専制・独裁、恐怖政治、対外拡張）を論じた。本章ではさらに時代を遡って現在の中華人民共和国と紀元前の漢帝国（前漢）を、それぞれ二人の政治指導者像に着目して、比較検討してみたい。毛沢東・習近平と劉邦・武帝である。私は「歴史は繰り返す」とは思っていないが、同じような時代状況にあっては物事が同じような展開を示すことがあるとは思っている。いつの時代でも人間がやることにそう変わりはない。こうした比較検討をすることで一見不透明に見える超大国・中国の近未来の展望に光が差し「当たらずとも遠からず」程度の予測が可能になる場合があるのではないか。そのことを期待しながら本章を書き進めてみたい。

劉邦と毛沢東

先ず、漢帝国の創建者である劉邦と共産中国の建国者・毛沢東を比較しつつ二人の生い立ちを見ると、劉邦は江蘇省、毛沢東は湖南省という中国南東部において、それぞれ庶民家庭の三男として生まれている。ただ、その後を見ると、劉邦に学はなく一時的に亭長（警察分署長）を務めたりするもののその本質は無頼の徒であるのに対し、毛沢東は湖南省立の第一師範学校卒のインテリであり、小学校の校長を務めるなど学のある人物である。ただ、それぞれの時代状況の中で、劉邦は秦に反旗を翻し徒党を組んで戦い、毛沢東は共産党に入党して国民党政権と闘う道を選んでいる。

政権奪取の過程を見ると、劉邦は最大のライバルとなった項羽と戦い、毛沢東は国民党の蔣介石と死闘を繰り返した。項羽は中国史上屈指の猛将であり、蔣介石も北伐を完遂して北洋軍閥を滅ぼし中華民国の統一を実現した特級上将（のちに大元帥）である。興味深いのは劉邦が秦軍と戦う段階で項羽の指揮下に身を置き、毛沢東も国共合作の折に蔣介石率いる国民党に所属し同党の中央宣伝部長代行を務めた（1925〜1927年）経歴を有することである。劉邦・毛沢東ともに一時的に最強の軍事指導者の傘下に入り、かれらが人望を失う中でこれを打倒して最終的な勝利をつかむという過程には共通したものがある。農民を慰撫してその歓心を買い、時に彼らを戦闘員にして戦うという戦術も似ている。

革命によって政権を奪取する時、その指導者の周りには有能な側近・軍事参謀・将軍がいる。劉邦にとっては蕭何、張良、韓信らがそれであり、毛沢東にも周恩来、朱徳、林彪、彭徳懐らがいた。彼らの補佐がなければ権力の頂点に上り詰めることは困難だったが、いざ権力を掌握すると何かと異見を述べ反対する彼らが煙たくなり、また謀反を起こして自分の地位を脅かすのではないかという疑心にかられてこれを順次粛清する暴挙に出た点も共通している。劉邦は韓信、彭越、英布らの将軍を粛清したし、張良は自ら隠遁の道を選んだ。毛沢東も同じで、国防部長だった彭徳懐を粛清、その後任となった林彪は反旗を翻した（クーデターに失敗し逃亡する際に航空機事故で死亡）。劉少奇・鄧小平も失脚の憂き目に遭っている。建国の功労者は建国が成れば邪魔な存在となる。「狡兎死して走狗煮らる」の喩えの通りである。

さて、最後は女性との関係である。劉邦は呂雉を后とし、毛沢東は江青を妻としたが、両女性ともに中国史上稀代の悪女と評されている。彼女たちは生来の悪女だったとは思えないが、夫の女癖が悪いことで嫉妬心が増幅されたことや夫による権力の保持を側面支援せんとする思いが極端に強かったのではないか。このため、両女性ともに夫の旧側近の粛清に積極的に関わったし、自ら権力も行使した。彼女たちの末路も哀れである。呂后はその暴虐振りから取り巻きに離反され、その死とともに一族は周勃・陳平という旧臣（長老）の手によって族滅させられた。江青は文化大革命を首謀した四人組の一員として毛沢東の死後に逮捕投獄され、死刑判決を受けた後に自ら命を絶っている。

こうしてみると劉邦と毛沢東という二人の英雄の生きざまには類似点が多い。彼らの風貌にも「親分肌」らしい共通項があるが、その性格はだいぶ違っているのではないか。両者ともに側近に助けられて権力の頂点に上り詰めた人物として十分な人間的魅力を持っていたに違いないが、劉邦には鷹揚な包容力、憎めない「男気」のようなものがあったと想像されるのに対し、毛沢東には陰湿・陰険な策謀家のようなものを感じる。さて、如何であろうか。

武帝と習近平

武帝はその名を劉徹といい、漢帝国7代目の皇帝である。劉邦の曽孫に当たる。彼は漢帝国（前漢）の最盛期を現出する皇帝だが、第6代皇帝・景帝の第九子であった劉徹が帝位に就くまでには紆余曲折があった。景帝は、薄皇后に子がないこともあって、寵愛深い栗姫が生んだ男子・劉榮を皇太子にしていた。問題は景帝の姉・館陶公主が自らの娘を皇太子妃にと望んだものの栗姫に峻拒されたことから起こった。栗姫と普段から仲が悪かった館陶公主はこのことで完全にブチ切れ、事あるごとに栗姫の悪口を弟である景帝に吹き込んだのである。薄皇后が廃された時、栗姫は自らが新たな皇后に冊立されるものと思い込んでいたがそうはならなかった。景帝は姉と対立する栗姫に次第に愛想をつかすようになり、皇后冊立を見合わせたどころか皇太子・劉榮まで廃して第九子の劉徹（膠東王）を新たな皇太子に立てたのである。この背景には劉徹の生母である王夫人に（公主の）娘を皇太子妃とすることをあらかじめ約束させた上での館陶公主の策謀があったのである。武帝誕生の道はこうして開かれた。

他方、習近平についてだが、国家主席（国家元首）としては初代の毛沢東から数えて何と7代目となり、武帝が漢帝国の第7代皇帝であったことと奇妙に一致する。もちろん、鄧小平のように最高実力者と言われながら国家主席、共産党総書記いずれのポストにも就いていない人物もいるので習近平が7代目の国家主席であることに格別の意味はないのかもしれない。ただ、武帝が帝位に就いたのが漢帝国の建国（紀元前206年）から65年を経た紀元前141年だったのに対し、習近平の国家主席就任は共産中国誕生（1949年）から64年後となる2013年であった。この65年後と64年後という新国家誕生から数えてほぼ同一の経過期間は偶然とは言い切れないかもしれない。大国の体制というものは誕生してから安定し成熟するまでに6～7人の皇帝・指導者、70年近い年月が必要になると見ることもできるのではないか。ちなみに清王朝に全盛期をもたらした乾隆帝は6代目の皇帝であった（皇帝就位は建国91年後だったが…）。

習近平の生い立ちは建国の元勲である習仲勲の子ということで、少年期こそ文化大革命の荒波を受けた不遇な期間はあるものの、総じて順調であったように思われる。この文化大革命に関連して興味深いのは武帝も幼少期に呉楚七国の乱という国内の大乱を経験していることである。もしかするとこうした経験が長じて権力の独裁化をもたらした一因になっているのかもしれない。武帝は54年の長期にわたる在位期間に実子や多くの臣民を処刑したが、習近平も反腐敗運動を展開する中で多くの政敵を排除・投獄している。専制強権政治という点で両者は共通している。

対外政策面においても多くの共通点がある。漢帝国の版図が最も広くなったのは武帝の時代だが、それだけではなく、張騫や李広利らを西域に派遣し、地中海世界につながる交易路を拓く端緒を開いたことも高い評価に値する。南方ではベトナム、南西方面ではチベットまで勢力圏に収め、春秋時代からの宿敵であった匈奴《きょうど》を北方に駆逐し、その脅威を取り除いた功績は漢帝国の繁栄にとっては極めて大きい。武帝の内政面での実績はイマイチだが、対外政策においては中国史上屈指の事績を残したと言える。習近平の対外政策も積極果敢であり、しばしば攻撃的である。シルクロードへの執着と世界的に展開する「戦狼外交」は武帝の攻撃的な対外拡張政策とイメージが重なる。

最後になるが、武帝と習近平の間には最初の妻と離婚し、再婚相手が共に芸能人（歌舞団員）であること、そしてこの2番目の妻がなかなかの賢夫人であるという意外な共通点がある。武帝の場合は、先述の通り、幼少の時に館陶公主の娘・陳嬌（のちの陳皇后）との結婚が政略的に決められていた。しかし、二人の間には子がなく何かと不仲が続く中、武帝は姉の平陽公主邸での宴会の折に歌舞団員だった衛子夫という賎女を見初め、その後長きにわたって最愛の女性とした。衛子夫に男子が生まれると陳皇后は嫉妬に狂い衛夫人に巫蠱（ふこ：木製の人形を地中に埋めて人を呪詛すること）を行うという大罪を犯し、皇后を廃されて離宮に幽閉された。衛子夫の子・劉拠は皇太子に冊立され、衛子夫自身も皇后の地位に上り詰めた。

他方、習近平も初婚の相手だった柯玲玲（駐英大使・柯華の娘：現在72歳で存命）とは3年で離婚し、人民解放軍の歌舞団員だった彭麗媛と再婚している。この結婚で軍とのパイプもできた。武帝は衛夫人との結婚でその親族から匈奴戦の英雄となった衛青・霍去病という二人の大将軍を見出しており、二人の結びつきは結果として漢帝国の隆盛に貢献している。私の中で衛子夫と彭麗媛という二人の女性のイメージが重なる。歌舞団出身の美人であり、共に控えめで賢そうな女性である。

儒教と墨子、そして荀子

中国で儒教が国家宗教として受け入れられるのは武帝の時代が最初である。言わずもがな、儒教は紀元前6~5世紀（春秋時代の末期）に魯国の孔子が広めた教えである。多くの有能な弟子を輩出したが、その教えそのものは諸侯国で受け入れられず、戦国時代になると儒教から批判的に派生した墨子や法家の思想が急速に普及した。特に西方の蛮国と見られていた秦が商鞅、韓非子、李斯といった法家系の思想家・戦略家を相次いで登用し、あっという間に国力を強化して全国の統一を成し遂げてしまった。法家にあらざれば宗教家（思想家）にあらずという時代を現出したのである。ところが、その秦も始皇帝の一代で事実上崩壊したため、漢帝国の初期には国家の指導理念になるような強力な宗教は見られなくなった。

景帝の時代に呉楚七国の大乱を経験した漢帝国は次の武帝の時代になると国内の秩序を回復・維持するための政治理念、宗教の必要性を感じ始めていた。こうした折、武帝の策問を受けた思想家・儒家の董仲舒（博士）は「賢良対策の論」を献策した。教育の振興を説き、儒教の国教化を示唆したのである。この建議は数年のうちに五経博士の設置、孝廉制度（官吏登用制）の導入など次々と実現を見、儒教が国家公認の学問（国教）と看做されるようになったのである。

では、共産中国の国家指導理念は何かといえば、もちろん、それは共産主義イデオロギーということになる。中国の歴代指導者が国家機構・社会の隅々までこのイデオロギーの強化・徹底を図らんとする所以である。しかし、国際社会や中国社会自体の変化を受けて共産主義イデオロギーの立ち位置や役割も変化し、鄧小平による改革開放路線への転換後は市場型社会主義とか中国独自の社会主義とかの標語も用いられ、試行錯誤が続いているように見える。この点に関連して興味深いのは中国研究の大家である貝塚茂樹氏がその著『古代中国』(講談社)の中で「(墨子の思想が)完全に復権するのは1949年の中華人民共和国以後である。中華人民共和国は墨子の思想をひじょうに高く評価した。……手工業者出身らしい墨子では、科学技術がひじょうに重要な意味をもっていた。その思想が自然科学を尊重し、唯物論的な面があるという二点からも再認識され、多くの学者によって精密に研究されて、思想として再生することになったのである」と述べていることである。

墨子の祖、墨翟の出自については不明なことが多い。紀元前5世紀に孔子没後の魯国に手工業者の奴隷として生まれた人物ではないかという説が有力のようだがよくわからない。墨子といえば「兼愛」を説いた思想家として有名だが、孔子の教えに反発して、世襲的な貴族制を抜本的に改革し、出身によらず何人も才能に応じた地位を得られるようにすべし、という当時としては革命的な思想を展開した異端児だった。技術至上主義、尚賢主義とされ、論理というものを徹底して追究し、伝統的な文化にも正面から挑戦した。これら墨子の根幹をなす思想は確かに共産主義イデオロギーと親和性があるように見える。毛沢東が主導した大躍進政策や文化大革命の背後思想として墨子の考えがあったと言われれば、そうかもしれないと納得できそうである。

小国が大国による侵略に抵抗した戦国時代の思想は確かに誕生して間もない共産中国が米国やロシアといった大国に対抗する思想としては有用だったろうが、中国が超大国になった今はどうだろうか。墨子は社会的抵抗の思想でもあるので、秩序の確立、社会の安定こそ優先すべき現代中国には必ずしもマッチせず、むしろ秩序優先の儒教こそ権力側にとっては利用価値のある思想といえるのではないか。ここ十数年、中国で孔子本が広く読まれるようになった背景にもこうした政治・社会事情の変化が関係しているかもしれない。そう言えば習近平自身も古代の思想書を愛読しており、その演説や講話にも儒教の経典からの引用句がしばしば出てくる。ただ、彼が真に信奉しているのは荀子の法家思想のようで、法治国家を崇揚し反腐敗キャンペーンの正当化に利用してきた。墨子も荀子も儒教から批判的に派生した思想だが、都合の良いところだけつまみ食いされているようだ。この辺りはどうもよくわからない。

これからの習近平、今後の中国

本章の冒頭で、私は、劉邦・武帝の時代と毛沢東・習近平の時代を比較検討することで超大国・中国の近未来が見えてくるかもしれないと述べた。2つの時代は二千年以上離れているが、劉邦と毛沢東、武帝と習近平の間には多くの類似点があることがわかった。特に武帝時代の中国は四千年を超える同国の歴史において最も輝かしい威光を放った時代だったといってよく、習近平が「中華民族の偉大な復興」という時にイメージする時代は、異民族（女真族）が支配した清朝の乾隆帝の時代ではなく、漢民族国家であった漢帝国の武帝の時代ではないかと想像する。唐の太宗・李世民の時代（7世紀）も中国が隆盛を極めた時代だが、開祖・李淵には北朝系の異民族（鮮卑族か）の血がまじっており、唐王朝自体も完全な漢民族の国家とはみられていない（注：この点については、歴史学者の宮崎市定が、その著『大唐帝国』の中で「漢王朝は中国人によって建設された大国家であるのに反し、唐帝国は北方から中国に侵入した異民族集団の発達線上にその起源が求められる」と書いているとおりである）。

仮に習近平の言う「中華民族の偉大な復興」が単に欧米諸国や日本に浸食された清朝末期からの歴史的屈辱を晴らしたいという以上の野望を秘めたものであれば、過去の栄光の求め先は漢帝国であり、特定の人物に自らを重ねるとすればそれは武帝以外にない。先述のとおり、武帝が第7代皇帝、習近平が第7代国家主席という一致もある。ただ、武帝の在位は54年間に及んだので習近平がこれにならうのはさすがに無理だが、長期政権を狙うという意味合いはある。

しかし、国家の「最盛期」とはその後の衰退を暗示する。事実、武帝は相次ぐ外征による財政負担で前二代にわたる皇帝が節約で備蓄した国庫を使い果たし、以後漢帝国は財政難に苦しんだ。習近平の中国にも同じ傾向が見られる。江沢民と胡錦涛の外貨獲得政策で中国の外貨準備高は天文学的なレベルに達したが、その額は毎年の膨大な軍事支出や景気刺激のための相次ぐ財政出動、外国からの投資の低迷などもあって今や減少し始めている。現下の米中対立が長引けばこの傾向に拍車をかけるだろう。製造業における中国の世界的優位は賃金の上昇や環境対応で比較優位を失い、海外投資が進めば国内産業は空洞化する。「一帯一路」も融資の返済時期が到来するにつれ次第に不良債権化しつつある。デジタルや宇宙の技術、コンテンツ産業など外貨を稼げる新たな産業の育成・強化が急がれる所以である。高齢化社会の到来も経済発展にはマイナスに作用するに違いない。

もうひとつ、武帝の「失敗」は有能な後継者を得なかったことである。武帝は衛子夫との間にもうけた長子・劉拠（皇太子）を側近の虚言・讒言を真に受けて謀反を疑い、それが自暴自棄的な反乱を誘発させて自死に追い込んでしまった。その結果、後継者となったのは幼い末子・劉弗陵であり8歳で即位（のちの昭帝）している。第10代皇帝の宣帝までは何とか持ちこたえた漢帝国だったが、その後は一直線に没落の道をたどった。

長期政権における後継者選びは難しい。何代かにわたって世代交代が進んでしまうので、新たな時代状況に適した人物の考課に誤りが生じやすいのである。現在の中国共産党には習近平の後継者と目される実力者は不在であり、いずれにしろ、李強首相（64歳）、丁薛祥筆頭副首相（61歳）、陳敏爾・重慶市書記（63歳）ら習近平に近いいわゆる「第6世代」の政治局員らは習近平が長期在任することで党のトップポストに辿り着く前に全員姿を消してしまうだろう。党中央規律検査委員会書記だった趙楽際（66歳）は政治局常務委員にとどまっているものの2023年に全人代常務委員長に「栄転」し、また、李強首相を超える共産党内実質ナンバー2と言われる蔡奇・中央弁公庁主任（国家工作委書記）は2023年12月に68歳になった。先述した胡春華副首相（60歳）は次期首相候補第一と言われながら胡錦涛に近い共青団出身ということもあってか政治局から排除され、中国人民政治協商会議副主席という閑職に追いやられている。

2022年10月の党大会時点で25人いた政治局員のうち68歳以上の11人（習近平総書記と張又侠中央軍事委副主席を除く）が「定年退職」し、67歳の3人（李克強首相、汪洋全国政協会議主席ら）も退任させられた。李克強首相は退任後1年にも満たない２０２３年10月に病死し、世界を驚かせた。痛ましい限りである。また、２０４人いた党中央委員の半分が入れ替わり、「ポスト文革世代」が地方幹部の多数を占めるに至っている。トップに立つ者にとって一世代下の部下ならおおむねその人物を知っているが、二世代・三世代離れるとよくわからなくなる。２０２３年後半、子飼いと言われた秦剛外相や李尚福国防相が突然に解任されたケースはこれに該当するのではないか。エマヌエル駐日米国大使の言ではないが、アガサクリスティの推理小説のタイトルと同様に「そして誰もいなくなった」状態となり、残った者はイエス・マンか毀誉褒貶に巧みな人物だけになるリスクが高くなる。

武帝の晩年は哀れであった。没年は69歳だが、寿命が伸びた現代で言えば80歳過ぎに相当する老齢だろう。感情が不安定になり、迷信深くなって神仙思想に傾倒した。今でいう認知症の症状も深刻化したようだ。２０２３年6月に武帝の没年齢を超え70歳になった習近平も長期在任となれば高齢化が一段と進み、判断もにぶるだろう。レガシーを希求し、突然に不穏な政策決定を行う危険も高まる。部下から挙がってくる情報も耳障りの良いものだけに選別され情勢認識を誤るリスクがある。また、数多くの政敵（特に薄熙来、周永康、徐才厚、令計画の「新・四人組」や孫政才、郭伯雄らの元党・軍幹部）を葬り去ってきた過去もあって疑心暗鬼に取り憑かれるかもしれない（注：このうち徐才厚はすでに病死）。それでなくても（秦の始皇帝の例を引き合いに出すまでもなく）後継者が不明な中で本人に万が一のことがあれば政治は大混乱に陥るだろう。高齢政治家による超長期政権に良いことは何もなく、習近平が「皇帝」もどきになっている現在の姿は見るに堪えない。

第5章

中国におけるナショナリズムと「民族」

習近平指導部が掲げる「偉大な中華民族の復興」という旗印は何を意味するのか。自由や民主主義といった欧米的な価値観の悉《ことごと》くに背を向け、対外強硬路線を突っ走る「戦狼外交」（最近言葉の上では若干の軟化がみられるがやっていることに変化はない）を展開する中国。南シナ海で覇権を追求し、尖閣諸島の領有権を主張する。台湾統一への強い執着もこの光景の中央にある。国内ではウイグルやチベットでの人権抑圧がますます深刻化する。何とも異様な光景である。彼らはどこに向かっているのか。本章では3章および4章に続きこのことを理解する一助として歴史的な視点から中国における少数民族の問題を振り返り、そうすることで「中華民族」なるものの実態を問い、また、併せて、現在の中国に急速に台頭するナショナリズムが何をもたらすのかも考察してみたい。

漢服復興運動に見る狭隘なナショナリズム

ここ10年程、中国において「華夏復興、衣冠先行」のスローガンを叫び、「重回漢唐」のテーマソングを歌う若者が増えているという。古い時代の漢族の衣装を復興させようという運動に参加している人たちである。このテーマソングの歌詞は「我ら、漢服で礼儀を重んじ、漢・唐に戻り、偉大な歴史をうたう。国難に満ちた長い歴史を、華夏の子孫は恐れない」で始まる。華夏とはいうまでもなく中原に栄えた古代中華文明のことであり、何とも民族主義的色合いが濃い復古運動である。

ＮＨＫが２０２２年３月末にドキュメンタリー番組として報道したところによれば、それまでの５年間に漢服の売り上げは20倍に増え、直近で年商１８００億円に上るという。愛好団体も中国全土に２０００以上あるらしい。王楽天という河南省の青年が漢服を着て街を歩いたのは20年前の２００３年11月。彼は「漢服第1号」と呼ばれ、愛好団体はその日を「漢服記念日」に指定しているという。漢服店の数は江西省、四川省、広東省、浙江省など中国南部で増え続けており、特に都市部に多い。顧客は圧倒的に20歳代の若者（特に女性）であり、コスプレ感覚で購入し着飾って漢服イベントに参加することを楽しんでいるようだ。大学での関連のサークル活動も活発だという。これだけなら趣味の世界である。

しかし、熱烈な愛好家の中には「他の民族は自分たちの衣装を持っているのに、なぜ我々漢族は伝統の衣装を持っていないのか」との疑問を呈し、「漢服には一瞬で民族意識を掻き立て、民族を団結させる直接的な力がある」、「中国は近現代史の中でひどく破壊された地であり、今、精神面のアイデンティティを強く求めている。漢服の伝統は民族意識を目覚めさせ、古来の中華文明の復興を進める」といった信念を有している。そこには明確なナショナリズムの意識がある。

問題は中国が多民族国家であることだ。漢民族は中国人口の91％を占めるといわれているが、漢服の復興運動はともすれば少数民族への差別・迫害を助長し、とくに満州族に対する悪感情を生む危険がある。というのは、歴史を振り返ると、中国で漢服の着用が公に禁止されたのは満州族による清王朝が誕生した直後の１６４５年であり、辮髪（満州族の髪型）の場合と同様に法令の適用は厳格でこれに違反したために殺された（漢族の）人も多かったという。実際、満州族の故郷ともいうべき中国最東北部の遼寧省瀋陽市で漢服愛好団体がこれ見よがしに漢服イベントを開催して地元の人々との衝突が起きたらしい。

20世紀になって清朝が倒れても漢服は復活せず、孫文自身がデザインしたとされる人民服が普及し、文化大革命で「四旧打破」が叫ばれると濃紺カラーの毛沢東服の登場となった。そして鄧小平による改革開放後は庶民の間でも「黒いズボンに白いシャツ」という洋服が主流となったため、漢服が復活する余地はまったくなくなった。３５０年以上もの長い期間にわたって漢服は中国人の視界から消え、わずかに歴史映画やＴＶドラマの中でそれらしい衣装を見るだけである。それがなぜ、今、漢服復興運動なのか。この運動の担い手の圧倒的多数が若者であることを考えると、彼らの間に拡がっている反欧米的思潮と民族意識の高まりが背景にあると考えざるを得ない。

中原と北方塞外夷族の攻防

中国の歴史は民族移動の歴史でもある。北方と西方の塞外に「盤踞」する非漢民族が次々と華北（黄河中流域・中原）に流入する一方、中国南部では少数民族をさらに南方や海外に駆逐する動きが繰り返された。万里の長城の北側、漠北や沿海州方面からは中原で王朝を建てた遼、金、元、清といったモンゴル族や女真族の南下があり、王朝滅亡後も大半の人々が「旧占領地」に居残っている。この事実は周知のことで改めて説明するまでもないが、私が注目するのは五胡十六国と五代十国の時代（前者が紀元304〜439年で、この後に南北朝時代が続く。後者は紀元907〜960年）に塞外の諸部族として長城の南に流入したものの、その後の長い歴史の中で徐々に同化・融合し「漢民族」になってしまった少数民族の人々である。この「漢化プロセス」は中華文明の同化力の強さを物語る。

五胡十六国の「五胡」とは匈奴、羯（けつ）、鮮卑、氐および羌（きょう）の5つの遊牧・騎馬民族を指す。このうち鮮卑族はモンゴル系、氐族はチベット・ビルマ系、羌族はチベット系と判っているが、匈奴と羯族がどのようなルーツの人々なのかはいまひとつ明らかではない。このうち匈奴については、歴史書に「鼻が高く眼がくぼみ、髭が濃い」といった身体的特徴が記されているところからするとインド・ヨーロッパ系の人種（トルコ系？）

だった可能性が高い。ただ、実際のところ、彼らは漠北の草原で征服・非征服が繰り返された結果として多人種が混交した「部族連合体」だったのかもしれない。10世紀前半の短期間に華北で5王朝（後梁、後唐、後晋、後漢、後周）が乱立した「五代」の時代にもトルコ系の突厥沙陀《とっけつさだ》族の大規模な南下が見られている。彼らは漢語を公用語とし中国文化を取り入れて「漢化」し、漢民族になっていくのである。

そもそもいつの時代から非漢民族が華北に流入するようになったのか。もちろん、紀元前のはるか遠い時代から漠北の過酷な環境に暮らしていた彼らが食糧に恵まれ環境の比較的良好な華北に憧れ、少しずつ南下してきたであろうことは容易に想像がつく。その一方で漢民族が傭兵・戦闘要員として意図的に彼らを華北に引き込んだ事実もある。かの『三国志』の物語でも紀元2世紀末に涼州に拠った韓遂が魏の曹操軍と戦う中で羌族や氐族の兵士を味方に引き込む話が出てくる。董卓や呂布の軍も異民族の傭兵部隊に支えられていた。また、4世紀のはじめ、蜀と呉を平定して天下を統一していた晋が八王の乱と永嘉の乱を経て滅亡する過程では、匈奴などの北方異民族の兵力を大規模に引き込み、逆に彼らに駆逐されるという悲喜劇が生じている。これが先述した五胡十六国時代の始まりとなる。紀元前の周王朝の時代から前漢・後漢にかけての時代は漢民族中心に歴史が語られているが、4世紀以降の中国社会（特に北部）は異民族の相次ぐ流入で大きく変化し、まったく新たな時代へと突入していくのである。

古代中国の「世界主義」、消えた民族

この4世紀以降の中国社会の変化を特徴づけるもののひとつとして「世界主義」の台頭がある。漢民族と非漢民族、そして非漢民族を構成する諸民族・部族間の平和共存と混交を標榜する皇帝が登場する時代である。「五族協和」を最高理想とする政治の誕生ともいえる。一人は前秦（351～394年）の苻堅、もう一人は北魏（386～534年）の孝文帝である。前者は氐族、後者は鮮卑族の出身で、各々華北を統一し、さらに全国の統一を目指した皇帝である。二人とも全国統一の夢は果たせなかったが、国境を越えた諸民族共存の理想主義を掲げ、胡漢通婚を奨励し胡俗を禁止して北方異民族の漢化を大いに推し進めた。また、仏教を深く信仰し、中国の三大石窟寺院は彼らが造営に着手したものである。

鮮卑族は後述する女真族と同様に漢民族の中に溶け込みもはや独自の少数民族としては現存しない。ただ、彼らが打ち建てた北魏という国は政治的にも文化的にも中国史に偉大な足跡を残しただけではなく、その血脈は隋や唐の王朝にまで繋がっており、世界史的にも重要である。唐王朝の都である長安に見た国際都市の風景は孝文帝の唱えた世界主義の

延長上に華開いたものに違いない。また、道教が初めて国教とされたのも北魏時代であるので雲崗石窟《うんこうせっくつ》の開削と並んで宗教史的にも注目されている。ところが、鮮卑族の故地がどこなのかはつい最近まで謎のままであった。それが判明したのは1980年に中国の最東北部に位置する黒龍江省・大興安嶺の山中に確かな根拠となる鮮卑石室（石壁碑文）が発見されたことによる。発見したのは内蒙古自治区の考古学調査隊である。鮮卑族はモンゴル系だが、後に元朝を建てた騎馬遊牧民族とは異なり、狩猟牧畜を生業とする人々で、西域と積極的に交流し、文化レベルも高かったことが確認されている。

10世紀のはじめ、遼という大帝国を建てた契丹族（キタイ）も鮮卑の末裔とされる。彼らは中原の宋を圧迫して一時的に隆盛を極めた。遼の支配地域は遠く中央アジアにまでおよび、今でもロシア語では中国のことを「キタイ」と呼ぶほどその存在感と影響力は大きかったらしい。沿海州にあって「海東の盛国」と呼ばれていた渤海国（698～926年）も勃興した契丹族に滅ぼされた。渤海国の滅亡は当時の東アジアにおいては大事件だったらしく、かの平将門も反乱（939～940年）の決起文書の中でこの事件に触れているほどである。とにかく10世紀初頭の東アジアは大動乱の時期で、907年に唐王朝が滅び、916年には先述の遼の建国、そして朝鮮半島では高麗国が興っている。ただ、大帝国だった遼も長くは続かず、1125年には女真族の金に滅ぼされた。

この女真族は同じ黒龍江省でももう少し沿海州に近い地域に住むツングース系の人々だったらしい。長らく契丹族の支配下にあった。彼らは強力な集団戦法で次々と強敵を打ち破り、遼を滅ぼした2年後には宋も毀滅させて南方に追いやって大金国を打ち建てた。女真族は独自の文字を創製し、猛安謀克制という強力な社会・軍事組織も編成して国威を発揚させた。また、道教の一派とされる全真教が開かれたのも大金国の時代で、その後は盛衰を繰り返しつつも今日まで続いている。北京にある白雲観は全真教の総本山である。大金国は1234年にモンゴル帝国によって滅ぼされるが、16世紀の末には女真族の別の部族が挙兵して南下し、清王朝を建てている。「ジェシュン（女真）」と呼ばれる民族は現代中国においては独自の少数民族名としては存在せず、「満州族」の中に一括して括られているようである。中国史を彩る偉大な民族であった鮮卑族、契丹族、女真族も今日の中国においてはその独自の存在は消滅し、華北に南下した人びとは漢民族となり、故地に生き残った人々は先述のように「モンゴル族」、「満州族」という少数民族として扱われている。

中国における少数民族の実態

さて、ここで中国における少数民族の実態を見ておきたい。現在の中国の総人口は今や14億人を超え、中国政府が明らかにしている民族統計（2020年・国勢調査）によればその91％が漢民族で、残りの9％が少数民族とされている。公式に認定されている少数民族が55、その総人口は1億2547万人である。WHO統計（2018年）をもとに民族別にその内訳を見ると最多数なのがチワン族で1693万人、これに続くのが満州族（1059万人）、回族（1039万人）、ウイグル族（1007万人）で、少数民族とは言っても人口一千万人を超えるから驚きである。さらに、ミャオ族（943万人）、彝（イ）族（871万人）、トゥチャ族（835万人）、チベット族（628万人）、モンゴル族（598万人）と続き、最も人口の少ない55番目の少数民族がタタール族（約3500人）である。（中国の少数民族はこれらの他にも存在するが、大躍進や文化大革命期に独自の文化・習俗を失って「漢化」が進み、政府の公認から外されている例もあるようである）

これらの少数民族の多く（特にミャオ族とイ族）は中国辺境の山岳地域に住んでいる。その代表例が中国南西端の雲南省で、ここには大小20の少数民族が暮らし、今でも独自の言語と風俗習慣を保っている。彼らの大半はチベット・ビルマ系だが、モン・クメール系やタイ系の民族も交じっており、国境をまたいでミャンマーやタイ、ラオス、ベトナムなどに同胞が暮らしている。辺境の地ではないが、南部内陸部の貴州省のように2000〜3000メートル級の険しい山並みが連なる山岳地帯に多くの少数民族が集まっていると ころもある（注：貴州省は故事成語「夜郎事大」の元となった前漢期の夜郎国が存在した土地と推定されており、今でも少数民族は古い習俗を守り祈祷師・シャーマンの数が多いと言われている)。

その一方で、中国政府によって省レベルの「自治区」が設けられて同族の多くが集住している例もある。広西チワン族自治区、新疆ウイグル自治区、寧夏回族自治区、内モンゴル自治区、チベット自治区がそれである。このうち、広西チワン族自治区は古来「百越の地」と呼ばれた山岳地域で、南方系の雑多な民族が暮らしていたが、20世紀の後半になって周恩来が「壮族」という勇ましい名の下に一括りにしたようで、「チワン族」といってもその中には異なる風俗習慣を持つ雑多な人々がバラバラに暮らしている。この点では湖南省から貴州省にまたがる地域に多く住むトゥチャ（土家）族も同様である。

中国における少数民族問題の複雑さを理解するために新疆ウイグル自治区の状況について付言すると、この自治区にはウイグル族だけではなく、キルギス族、タジク族、ウズベク族、カザフ族といった少数民族も多数居住している。前者の2族はアフガニスタン国境に近い標高3000メートルを超える山岳地帯において、カザフ族は北部のアルタイ山中においてそれぞれ下界から隔絶されるように暮らしているという。近くにはスラブ系のオロス族や満州族系のシボ族もいる。ウズベク族は自治区最西部のカシュガル市の近郊に集まり比較的裕福な生活をおくっている。他方、ウルムチ市などの都会には人数最少のタタール族の人々が集住し、商工業や教職に従事しているようである。タタール族は知識人を多く輩出しているというから意外な感がある。

なお、私が個人的に興味を持つのはロシアや朝鮮半島と国境を接する最北部の黒龍江省や吉林省の少数民族である（先述の通り鮮卑族の先祖もこの地域から出た）。中国史上、異民族王朝を建てた遼、金、元および清はこの森林・草原地帯から南下して漢民族王朝を打倒した。先述の通り、このうち、遼はモンゴル系の契丹族、金と清は女真族とされるが中国政府の少数民族リストには「契丹族」という名も「女真族」という名もない。「契丹（キタイ）族」はモンゴル高原東部に暮らしていた半農半牧の遊牧・狩猟民族で、10世紀から12世紀にかけてその強力な騎馬軍団の軍事力を背景に華北から中央アジア一帯を支配した。独自の言語・文字を有し高度の文化を発展させたことで知られる。

しかし、遼の滅亡後はその民の一部が西方中央アジアに流亡して「西遼」を建国したものの大半の人々は金、元、明の時代に離散し、漢化した者も多かったようである。契丹族は際立った身体的特徴を持ち、中国では今でも脚が長い人を見ると「契丹族の末裔だ」という言い回しが一部に残っているらしく、特にモデル級のスタイル抜群の九頭身美人を指す表現にもなっているという。他方、「女真（ジュシェン）族」は満州の松花江一帯から興安嶺以南の外蒙に居住していたツングース系の民族で「黒水靺鞨《こくすいまっかつ》」とも呼ばれた集団である。

モンゴル、ウイグルと吐蕃(チベット)

現代中国のウイグル族やチベット族に対する厳しい締め付け政策はいったいどのような背景から生まれてきたのか。このことを考える時、私の思考は8~9世紀の中央アジアにおける壮大な風景に飛翔する。この頃、中央アジアでは「吐蕃」と呼ばれたチベット王国とモンゴル高原のウイグル帝国が強大化し、唐王朝すら脅かす大国になっていた。特に、8世紀後半に発生した安史の乱で唐王朝は大混乱に陥り、玄宗皇帝も都を離れて蜀に逃れる有様であった。西暦756年のことである。この乱を鎮圧したのは唐王朝から支援要請を受けたウイグル族であり、これ以降唐王朝はかつての盛威を完全に喪失しウイグル帝国の風下に立つことになる。

ウイグル族はチュルク(トルコ)系の異民族で、マニ教を国教とし、柔然、突厥といった同系の諸族が四分五裂ないし衰退した後のモンゴルの草原で勢力を急拡大した。他方、チベット高原にいたチベット族も唐王朝による地域支配が弱まり、西域に力の空白が生まれると北方に勢力を拡大し、河西回廊(敦煌)を完全に掌握してシルクロードの支配権をうかがう勢いを見せる。そして、ついに8世紀末、天山山脈の東部でウイグル帝国と吐蕃(チベット王国)がシルクロードの支配権をめぐって激突し、「北庭争奪戦」(789~

792年）と呼ばれる天下分け目の戦いが繰り広げられるのである。北庭はタリム盆地の最北東部に位置し、現在、ウルムチやトルファンといった都市がある地域である。今から思えばチベットの勢力が中央アジア一帯を支配したというのは驚きだが、763年には何と唐都長安を占領し、傀儡政権を一時的に樹立したこともあると聞けばさらに驚きだろう。821〜823年には唐と吐蕃の間に会盟が結ばれ、これにウイグルも加わって東ユーラシア大陸を三分割する「三国会盟」が成立する。当時の中央アジア情勢は今日の我々の想像の及ばない世界を形成していたのである。

しかし、この三国のいずれもその後またたく間に衰退する。ウイグル帝国は北方シベリア方面からキルギス族の侵攻を受けて崩壊し、西走する。現在の新疆ウイグル自治区に定住するのはこの頃からである。その後、中央アジアはチンギス・ハーン率いるモンゴル族に支配され、中小の諸王国が滅亡し、中原でも遼や金といった異民族王朝が相次いで崩壊して元帝国が生まれる。この帝国は14世紀の末に漢族の明によって滅ぼされるが、明王朝も2世紀半の命脈を保った後に満州族（清王朝）に取って代わられる。私が興味を惹かれるのは、今日、中国で「少数民族」と公認される55族のうち人口500万人以上を数えるのが8族存在する（前出の通り）が、そのうち歴史的に見て漢民族の王朝を滅ぼすか、あるいは実質的な影響下に置いた民族が4つ（ウイグル族、チベット族、モンゴル族、満州族）残存している事実である。このうち、満州族は清王朝時代に中国全土に散らばり、20世紀に入って満州国の建国に失敗した後はその民の多くが漢族化した。今日、その発源地ともいうべき黒龍江省に居住する族民は少数であり、言語も含め基本的にそのアイデンティティを喪失しつつあるようにみえる。

以上の理解が正しければ、中国の「少数民族」のうち歴史の荒波を越えて今日なお強い民族的一体性を保っているのはウイグル族、チベット族およびモンゴル族の3族だけということになり、彼らが漢化しない限り「偉大な中華民族」という虚構を打ち立てんとする習近平政権にとって不都合な存在であり続けるのである。過去70年、中国共産党は新疆ウイグル、チベットおよび内モンゴルの3自治区に漢民族を送り込み続け、今や各自治区内では漢民族が人口の過半を占めつつある。モンゴル族の民族運動は1940年代末までには完全に抑え込まれ、チベットでも1959年の大規模蜂起（ダライラマ14世がインドに亡命）に続き暴動や騒乱がたびたび発生しているがその都度厳しい弾圧を受けている。今や、中国全土への漢民族支配を確立する上での残る「障害」はウイグル族だけということになる。現在の中国におけるウイグル問題の根源はこうした歴史的国内事情にもありそうである。

なお、中国政府・共産党によるモンゴル、ウイグルおよびチベットの3民族に対する厳しい締め付けは中国の海洋進出強化の対外戦略とも無関係ではないであろう。太平洋を挟んで米国と対峙せんとする時、内陸の「後背地」ともいうべき3自治区において騒乱などの不安定要因をかかえるわけにはいかない。先述したように、中国の歴史においてモンゴル、ウイグルおよびチベットの各民族は漢民族の歴代中華王朝にとって大きな脅威となった時代があった。こうした「歴史の記憶」が現下の時代状況もあってとりわけ厳しい対応をとらせているのかもしれない。

経済・軍事大国化とナショナリズムの高揚

21世紀の中国は経済・軍事両面での大国化に伴い偏狭なナショナリズムが急速に台頭している。特に若者層の間でそれが顕著であり、本章の冒頭で紹介した「漢服復興運動」などはそうした思潮の表出のひとつに過ぎない。中国政府および共産党は対外的には欧米諸国による対中けん制に対抗する手段としてこれを利用しているが、国内的には「漢族中心主義」をまねく危険があり警戒しているようである。「漢服復興運動」の場合は少数民族への偏見、差別につながる可能性があるし、高額な漢服を惜しげもなく購入する若年富裕層の存在は貧富の格差のあらわれでもある。

習近平が「中華民族」に触れる時、そこには辺境地域の少数民族の独立・自決志向を抑え込み国家の統一を強固なものにしたいとの国家レベルの政治的意図が背景にある。かつて、辛亥革命後の孫文も「チベット、モンゴル、ウイグル人を同化し、『中華民族』として単一民族国家を目指す」と宣言（1921年）したことがあるが、それから1世紀を経て、現在の中国共産党は「目指す」のではなく、これを「実現する」段階に来ている。しかし、考えてみれば、インド民族やロシア民族といったものが存在しないように多民族国家である中国は本来「単一民族国家」には成り得ないのである。確かに、過去の歴史に見るように、華北地方に侵入し王朝を樹立した漠北の諸部族は自らの言語や文字だけでなく風俗・習慣まで放棄して「漢化」した。現在の中国人口の91％が漢族だというが、DNA的にはその多くの人々の血の中に北方塞外民族の血が混じっていることは間違いない。しかし、彼らは中国文化に憧れ自らの意思で、あるいは歴史の流れの中で自然に、「漢化」したのであり、強制同化されたわけではない。現在のモンゴル、チベットおよびウイグルの人々が置かれた強制同化の状況は単なる「人権問題」を超えた人類史的な悲劇である。特にウイグル族に対する酷烈な仕打ちは「民族浄化」の様相すら呈しているのではないか。中国のナショナリズムはこうした事情のすべてを飲み込みながら怒涛のように膨張し、当分の間、その暴走は誰にも（中国の為政者にも）止められそうにない。先述した通り、古代中国には「五族協和」の世界主義を理想とした非漢人皇帝の時代があったが、現代中国では少数民族を排斥する漢族中心主義のナショナリズムが蔓延している。何とも皮肉なことである。

第6章 東南アジアに浸透する中国の影響力

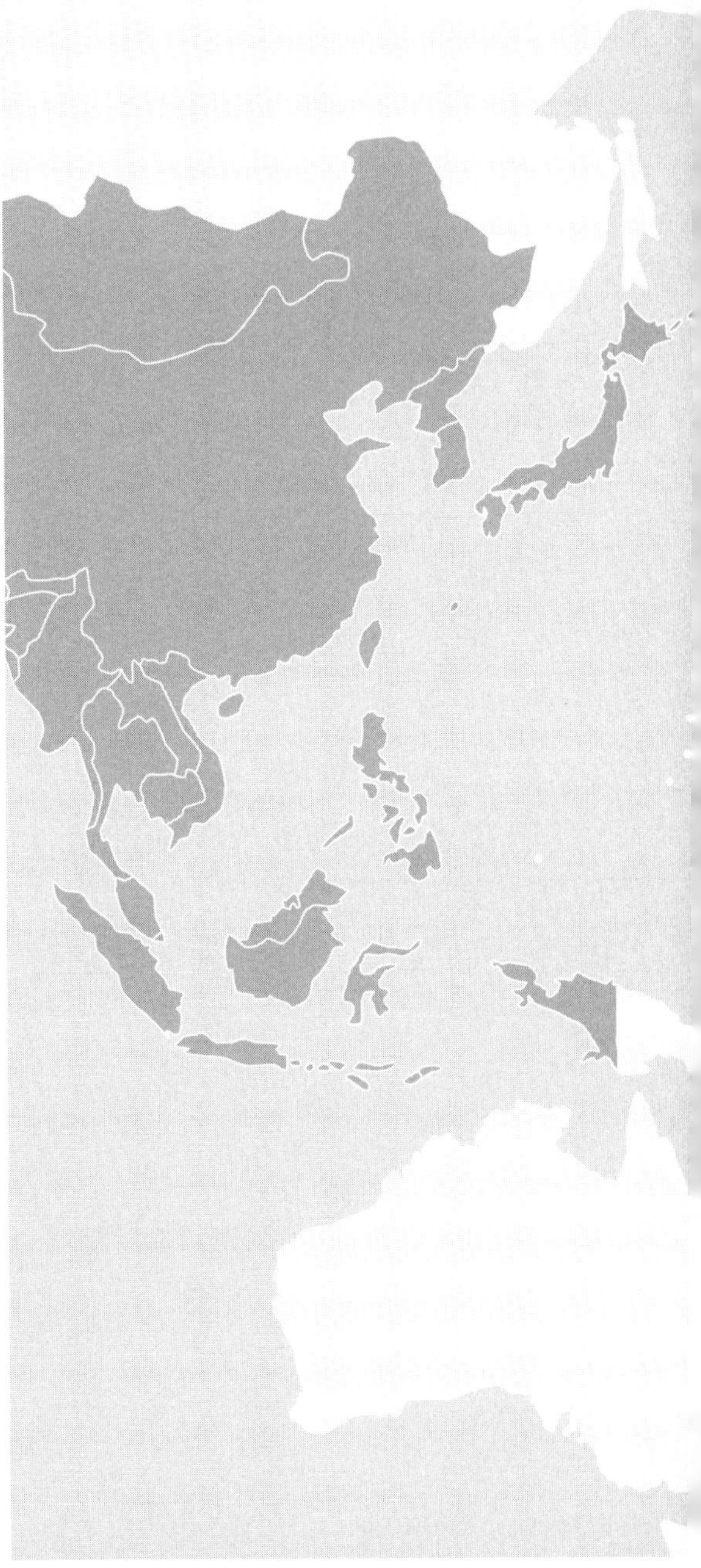

近年、東南アジアにおいて中国の政治的・経済的な影響力が急拡大しており、これと反比例するように米国（特にトランプ政権時代）の関与が弱まりつつある。今や、ASEAN各国の最大の貿易パートナーは中国であり、投資の面でも中国の存在はますます大きくなっている。軍事・安全保障の面でも中国は南シナ海への領有権主張を強め、南沙諸島の軍事拠点化を着々と進めている。地域の各国はこうした状況に対する懸念を強め、米国、日本、EU諸国との関係強化を望んでいるが、状況はますます思わしくない方向に向かっているのではないか。本章では、ASEANにおける最新の世論調査結果などを参考に、この地域の政治的・経済的な国際環境の変化を考察してみたい。

中国との関係深化が生むASEANの懸念

2023年2月、ISEAS（東南アジア研究所）というシンガポール所在のシンクタンクが「ASEANの現況」という興味深い調査レポートを発表した。調査の実施時期は前年の11月から同年1月で、ASEAN10ヵ国の有識者1308名を対象に行った極めて信頼度の高いものである。調査項目は多岐にわたるが、その中で「経済面で最大の影響力を持つ国はどこか」との問いに対して全体の59・9%の回答者が「中国」と答えているのは予想された回答とはいえ衝撃的である（ただし、コロナ前の2020年調査から約20%減少している）。

ちなみに同じ問いに対して「米国」と答えた者は10・5%、日本にいたっては4・6%に過ぎない。

これを実際の貿易・投資統計（JETRO）でチェックすると、2022年のASEAN諸国からの輸出先として中国が第1位になっている国はインドネシア、シンガポールの2ヵ国、残り8ヵ国のうち5ヵ国でも第2位と上位に来ている。日本はフィリピンからの輸出先として第2位、インドネシア、タイなどの3ヵ国の輸出先として第3位だが、マレーシア、シンガポール、ベトナムなどでは第4位以下である。ASEAN諸国の輸入では中国の存在は絶対的であり、10ヵ国中なんとラオス（タイが第1位）を除く9ヵ国で中国が第1位である。

一方、直接投資（2022年）で見るとシンガポールによるASEAN各国での投資増が目立ち（インドネシア、フィリピン、ベトナムおよびミャンマーで第1位）、中国の存在感はいまだ大きくはないものの、カンボジア、ラオスで第1位、インドネシアで第2位、タイとミャンマーで第3位と上昇基調にはある。日本はタイで第1位、ベトナム、フィリピンで第2位にあり、中国と何とか拮抗している。投資実績で注目されるのは近年のシンガポール実業家（および同国に拠点を置く国際資本）の積極姿勢であり、先述したようにインドネシアなど4ヶ国で第1位、マレーシアでも第2位まで上昇している。こうしてみると、中国の経済的な影響力が圧倒的に大きいとの地元の人々の見方は直接投資面より貿易額（特に輸入額）

の大きさから来ていることが明らかである。

同じレポートの別の調査項目では「東南アジアにおける政治的・戦略的な影響力の大きさ」を取り上げている。ここでも最も大きな影響力を持つ国は「中国」で、回答全体の41・5％を占めている。ただここでも2020年調査の52・2％から10％以上ダウンしており、コロナ禍後は影響力の拡大にやや陰りがみられる。また、興味深いのは「中国が最大」と回答した国が9ヵ国あるもののその比率にバラツキがあることで、経済的影響力の評価ほど絶対的なものではない。特に、フィリピンのように米国が第1位（38・0％）で、中国は第2位（35・8％）という例外もある。ちなみに、同じ問いに対して「日本」と答えた回答はASEAN全体の1・9％（米国は31・9％）に過ぎず、残念ながら、東南アジアにおける我が国の存在感は限りなく小さなものになっているようである。

ただ、注目すべきは、中国の政治的・経済的な影響力の拡大が地元の人々から歓迎されていないのみならず、大きな懸念材料になっていることである。今回の調査で「中国の経済的な影響力拡大を懸念する」との回答がASEAN平均で64・5％、政治的な影響力拡大にいたっては前年調査より減少しているものの依然として回答者の多く（68・5％）が懸念を表明している。国別に見ると懸念を表明する意見は毎回の調査でベトナムとフィリピンに多い傾向があるが、政治的な影響力拡大についての問い（2023年）では、シンガポールの回答者の91％が懸念を表明している。これはミャンマー（94％）に次いで2番目に懸念度が高いもので、中華系インテリの多いシンガポール独特の敏感な反応として大いに注目される。ミャンマーは経済面での懸念表明の比率（87％）も高く、これはアンケートへの回答者の多くが有識者層に属する影響と考えられる。

なお、日本の政治的な存在感の低下については先述したが、必ずしも悪い話ばかりではない。そのひとつはASEAN諸国における日本の「信頼度」に関する2023年の調査結果である。「世界の平和・安定および繁栄に貢献する国」に関する設問において、日本に関しては全体の54・5％が肯定的な回答（信頼している＋ある程度信頼している）をしており、この数字はわずかではあるが米国（54・2％）、EU（51・0％）を上回り、中国（29・5％）よりは遥かに高い。逆にこれらの国・地域の貢献について否定的な回答（まったく信頼していない＋あまり信頼していない）をした割合を見ても、中国（60・4％）、米国（49・7％）、EU（36・9％）、日本（21・3％）の順になっており、肯定的な回答と真逆になっている。

特に注目したいのは「まったく信頼していない」との全否定的回答が日本はわずか3・0％で、この数字は中国（18・7％）はもとより、米国（12・8％）やEU（6・6％）に比べても極端に低い。ASEAN地域においては多年にわたる日本の平和外交・経済外交が正当に評価されていると受け止めてよいのではないか。（ちなみに、2023年調査にある「法の支配、国際法の遵守を主導する国」に関する問いで、「中国」と答えた者は全体の5・3%、日本は8・6%、米国とEUで合計60%以上を占めている。）

もうひとつ、日本との関係で注目したい設問がある。それは「米国の存在感が希薄になる場合、どの国に存在感を増して欲しいか？」という問いで、2020年調査では回答の第1位は日本（31・7%）で、次がEU（20・5%）であったが、2023年調査ではこの順位が逆転している。国別に見ると、2023年調査で「日本」を最も多く回答した国はラオスとフィリピンの2ヵ国にとどまり、インドネシア、ベトナム、ミャンマーでEUに逆転された。タイ、シンガポール、カンボジアおよびマレーシアでは常にEUに対する期待の方が高いのが残念だが、我が国の政治的な影響力が弱いと評価されている以上、やむを得ない。いずれにしろ、この調査レポートが示すものは、中国が東南アジアで政治的・経済的な影響力を大きく浸透させている反面、それはASEANのほとんどすべての国で歓迎されていないのみならず、むしろ警戒感を募らせているという現実であろう。

インドシナ3国における中国人居住区の現実

少し前のことになるが、英誌「エコノミスト」の2020年2月1－7日号がラオス、カンボジアおよびミャンマーの3ヵ国それぞれに拡がる経済特区（SEZ）内での中国人の傍若無人な振舞いについて批判的な記事を掲載していた。特に、ラオスの最北西部にある通称「黄金の三角地帯SEZ」にはローマ時代の宮殿を模した巨大カジノが建設されており、SEZ内で流通する通貨は中国・元（とタイ・バーツ）で、街頭の時計も中国時間に設定されているというから驚く。

ラオスへの外国投資額（2020年）の80％近くが中国資本であり、160の企業が進出しているという。JETROの調査統計でも2022年における中国の投資額は33億ドル（全体の64％）と第1位である。問題は「黄金の三角地帯SEZ」がラオスの警察力がほとんど及ばない無法地帯化していることで、麻薬取引、人身取引、マネーロンダリングが日常的に行われているという。2018年、米国政府はこのSEZを実質的に運営している中国企業を国際犯罪組織に指定し、その中国人経営者に制裁を課している。SEZ内で働く労働者の多くも中国から来ており、ラオスにある11のSEZにおける地元労働者の雇用比率は34％に留まっているらしい。これは、ラオス政府が目標とした90％に遠く及ばない。

ミャンマーでも事情は同じである。同国北中部のマンダレー市に居住する中国人の数は過去30年間に急増しており、今や市人口の30〜50％を占めている。しかも、2017年時点の調査によれば、同市内ホテルの80％、レストランの70％、宝石店の45％が中国人によって所有・経営されているという。直接投資の実績でみると２０１７年、２０１８年ともに件数で中国が第1位（全体の30～43％）、金額ではシンガポールに次いで第2位になっている。

カンボジアでは中国による投資がさらに際立っており、２０２１年には全体の60％を超えるに至っている。これを全国に22ヵ所あるＳＥＺに限定すると中国投資の比率はさらに高く、全体の89％を占めるというから驚く。特に中国資本によるカンボジア最大のＳＥＺであるシアヌークビルＳＥＺの場合、１１００ヘクタールの敷地に入居している１５３社の大半が中国企業であり、２０１８年の新規投資44件のうち42件が中国からの投資だった（ＪＥＴＲＯレポート）。今や、シアヌークビルの住民の3分の1が中国人（8万人超）で、その数はさらに増え続けているという。街中ではギャングが横行し、建設現場の周りには売春宿が林立し、海岸線にはプラスチックごみが山積みになっているとの報道もある。

以上のように、インドシナ半島にあるＳＥＺに進出する外国企業の多くが中国企業であり、ＳＥＺの存在は中国による経済進出の重要な拠点網を形成しつつある。２０１７年、バンコクに所在するシンクタンクが発表した調査レポートは「カンボジアおよびミャンマーにあるＳＥＺを管理する法体系および統治構造は投資家の利益に合致するように歪められており、地元の人々やその生活環境には有害なものになっている」と結論づけており、アジア開発銀行の専門家も「ラオス、カンボジアおよびミャンマーのSEZは地元経済全般に利益をもたらすに至っていない」ことを認めているという。これらの3ヵ国はトランスパレンシー・インターナショナル（本部はドイツ・ベルリンに所在）が毎年公表している国別の腐敗認識指数ランキングで常に最下位層にあり、SEZをめぐっても中国企業と地元政治家・経済人との間で不透明な金の動きがあるに違いないと思わせる。

「一帯一路」の現況

習近平国家主席がカザフスタンの首都アスタナで「シルクロード経済ベルト」構想を、続いてインドネシアのジャカルタで「21世紀・海のシルクロード」構想を発表したのは2013年のことである。両構想はその後「一帯一路」構想（BRI）に一本化され、今や中国による世界的な巨大インフラ整備戦略としてすっかり定着している。

中国人は四字熟語で政策キャンペーンを展開することに長けているが、「一帯一路」のネーミングはその代表的な成功例といえるかもしれない。構想発表からすでに10年、専門家の推計ですでに160ヵ国に4000億ドル（邦貨59兆円相当）以上の公的資金が投入されているというから驚く。中国の民間資金を含めれば優に1兆ドルを超えるらしい。

2019年12月、米国国際開発金融公社のアダム・ボーラー総裁はファイナンシャル・タイムズ紙上で「中国の対外投資は腐敗、透明性欠如、債務の罠、そして粗悪インフラまみれ」と語っているが、それでも開発資金の足りない多くの発展途上国がリスク覚悟で中国資金に群がっているのは紛れもない事実であり、この流れはにわかには変化しそうもない。

アジアの貧困国はそうした「中国資金に群がる発展途上国」の代表例である。ラオス、カンボジア、ミャンマーから、スリランカ、モルディブ、パキスタンなどで中国輸出入銀行からの高利融資を受けた巨大インフラ・プロジェクトが進行中である。これらのプロジェクトの基本的な狙いは中国本土からインド洋への直結的アクセスの実現とインド洋の島々における港湾の権益確保である。インドシナ半島でもミャンマーの港を海への出口とする北から南への鉄道や高速道路の建設と港湾の整備が一体として進んでいる。ラカイン州にあるチャウッピュー港（深水港）からマンダレー経由の陸路・鉄道で雲南省の昆明に繋がる回廊と石油・ガスパイプラインを建設するプロジェクトがそれである。２０２０年1月に中国最高指導者として20年振りにミャンマーを公式訪問した習近平国家主席の目的はひとえにこのプロジェクトの実現にあったといわれている。

インドネシア高速鉄道（ジャカルタ・バンドン間の１４０ｋｍ）も中国からの融資を受けて中国企業が建設した「一帯一路」プロジェクトのひとつである。２０２３年10月に当初計画から4年以上遅れて開業したが、総工費が2倍の１２０億ドルまで膨らみ今後長期にわたって融資資金の返済に苦しむ「負の遺産」になりそうである。というのも、この高速鉄道の利用料金は一般交通手段の3〜4倍（注：日本の新幹線は普通列車利用時の約2倍）に上り、駅からのアクセスの悪さもあって利用者数が期待するほど伸びず、そのために返済資金を賄えないのではないかとみられているからである。ここにも「債務の罠」が待ち受けている。

中国はベトナムにおけるハノイ・ホーチミン間の南北高速鉄道の建設計画にも参入機会を狙っている。2023年10月に北京で開催された第3回「一帯一路」フォーラムの折に訪中したベトナム政府首脳に中国交通建設（CCCC）の幹部からその意向が伝えられたという。この大型インフラ整備案件は2010年当時に日本の協力で実施されるとの話があったが事業費が高額過ぎるなどの理由で一旦先送りされた経緯がある。これが最近になって再浮上してきており、近い将来、インドネシアの場合と同様に、日本対中国の受注合戦になるかもしれない。

「海のシルクロード」との関係ではマレー半島の東海岸にあるクアンタン港（西海岸のクアラルンプールまで道路で一直線の位置にある）の開発やタイ南部におけるクラ・イスムス運河（全長100km）の開削案件も注目される。これらのプロジェクトはそれが実現すればマラッカ海峡（米軍の実質的管理下にある）を経由することなく南シナ海とインド洋を結ぶ物流ルートを拓くという意味で地域の安全保障にも影響を及ぼすものである。

ＡＳＥＡＮ諸国の人々はＢＲＩをめぐるこうした状況をどのように受け止めているのか。本章の冒頭で紹介したＩＳＥＡＳのレポートは調査項目のひとつをＢＲＩに対する評価に割いており、その調査結果は興味深い。１３０８名のＡＳＥＡＮ有識者の回答のうち３分の２がＢＲＩに否定的、３分の１が肯定的で、特に強い否定意見は21・５％に達し、強い肯定意見の２・５％を大きく凌駕している。国別に見ると否定的な意見が特に多い（70％以上）のはベトナム、フィリピン、インドネシアの３ヵ国で、ベトナムなどは86・８％に達している。ＢＲＩ関連プロジェクトの多いミャンマー、カンボジア、ラオスでも否定的な意見が過半数を占めており、それぞれ61・９％、57・７％、52・２％になっている。

中国は、ＢＲＩに対して透明性欠如や環境破壊など国際的な批判が高まっていることを受けて、２０１９年４月に開催された第２回「一帯一路」フォーラムにおいて「オープン、グリーン、クリーン」の新指針を打ち出したが、上記のＩＳＥＡＳ調査はその後に実施されたものであり、中国の新指針は関係国のＢＲＩに対する根深い不信感を払しょくするには至っていない。２０２３年10月に首脳レベルで開催された第３回「一帯一路」フォーラム（北京）も実際に首脳・政府要人が参加したのは第２回フォーラムの時の38ヵ国に対して20ヵ国余りにとどまり、中国経済の低迷もあって以前に比べるとだいぶ盛り上がりに欠けていたようである。プロジェクトの選択も債権の不良化回避のため「質重視」に転換する方針を示した。

米中貿易戦争と東南アジア

２０１８年の春にいわゆる「米中貿易戦争」が勃発して間もなく6年以上になる。米中両国による関税引き上げ合戦は世界経済に大きな影響を与えつつあり、特に輸出中心の貿易によって自国経済の発展を図っている東南アジアの国々などの場合は状況は深刻である。貿易依存度（２０２２年：グローバル・ノート統計）で見るとシンガポールは世界第3位、ベトナムは世界第5位であり、毎年の輸出額がその年のＧＤＰを大きく超えている。マレーシアやタイなど、その他のＡＳＥＡＮの国々も総じてこの依存度が高い。

ただ、２０２２年の貿易統計に見る限り、米中貿易戦争の否定的な影響は顕在化しておらず、（一部に中国経済の低迷の影響を受けて対中輸出が減少している事例があるものの）大半のＡＳＥＡＮ諸国の米国・中国との貿易はおおむね順調に拡大しており、ベトナムなどは両国への輸出を大幅に拡大している。特に中国との輸出入額が各国の貿易総額に占めるシェアの変化（コロナ前の２０１９年と２０２２年の比較）を見るとタイ、フィリピンおよびミャンマーの輸出、シンガポールの輸入を除き、各国で中国のシェアが増加している。他方で、中国から米国への輸出にブレーキがかかる中で、中国に代替する輸出国になっているベトナムなどは米国への輸出を急拡大させている。米中貿易戦争の余波は輸出品の種類やサプライチェーンの状況次第でＡＳＥＡＮ各国にマチマチの影響を与えていると思われる。

米中貿易戦争の影響をＡＳＥＡＮ各国の有識者がどう見ているかについてもＩＳＥＡＳのレポートが参考になる。懸念材料を５つの選択肢から問うた設問では、①世界経済の停滞を招く（41・４％）、②米中経済のデカップリングがＡＳＥＡＮ各国を股裂き状況に追い込む（25・８％）、③世界的サプライチェーンの分断に悪影響を受ける（22・０％）、④米国から対中関係を抑制するよう圧力を受ける（６・３％）、⑤対中関係が緊密であることを理由に米国の標的になる（４・５％）、といった回答（ＡＳＥＡＮ平均）になっている。国別に回答内容をチェックすると、サプライチェーンの分断を最も強く懸念しているのはタイ、インドネシア、フィリピンの３ヵ国であり、⑤の問い（米国の標的）への回答ではベトナムとミャンマーの懸念がやや突出して強い。

米中貿易戦争に関わるもうひとつの設問は「この戦争による自国利益への短期的・長期的影響をどう見るか」というものであるが、ＡＳＥＡＮ全体では「長期的にマイナスの影響」との回答が28・０％、「短期的にマイナスの影響」が35・９％で、総じてマイナスの影響を予測する意見が多い（63・9％）。「プラスの影響」との回答は21・8％に留まる。これらの意見を国別に見るとそれぞれ顕著な違いがあり興味深い。「マイナスの影響」を予見するのはシンガポール（93・7％）、タイ（80・2％）、インドネシア（73・0％）がトップ3であるが、他方でベトナムのように「プラスの影響」との見方が過半（55・3％）を占める国もある。ベトナムの人々は米中貿易戦争から「プラスの影響」を予測しながら、同時に「（中国との関係が深いことで）米国の標的になるのではないか」との懸念も強いというアンビバレントな思いを抱いているようである。

南シナ海問題をめぐる動き

中国と一部のASEAN諸国の間で領有権争いが続く南シナ海問題に関して紛争の平和的な解決を目指す「行動規範（COC）」の策定に向けた交渉が始まったのは2000年のことである。その2年後には中間的な合意である「行動宣言（DOC）」という政治文書が採択されたが、それから20年以上が過ぎてもCOCをめぐる交渉は停滞、難航したままである。この間、中国は南シナ海に人工島を建設し、軍事拠点化を着々と進め、実効的な支配の既成事実を積み上げている。ASEANの中でベトナムとともに「主要当事国」であるフィリピンはこうした状況にいら立ち、2013年に国連海洋法条約（UNCLOS）

に基づいて国際仲裁裁判を提起した。南シナ海仲裁裁判所が裁定を下したのは3年半後の2016年7月で、ほぼすべての提訴項目でフィリピンが勝訴したが、中国はこの裁定を「紙くず」とうそぶいて無視を決め込んだ。この時から間もなく8年が過ぎようとしている。今、この問題はどうなっているのであろうか。

まず、その後の事実経過を見てみると、2017年8月にCOCの「枠組み（フレームワーク）」に合意し、翌2018年8月にはCOCの「単一交渉テキスト（SDNT）」が策定されている。この年の11月、人民日報紙上で「3年以内の交渉妥結を期待している」との李克強首相（当時）の発言が報じられたが、同じ時に王毅外相は「域外国の干渉がなければ…」との条件付けともとれる発言を行っており、事実、中国はSDNTの一条項として「締約国は域外国と合同軍事演習を行ってはならない」との条文明記を要求している。また、中国はCOCを「DOCの実施枠組み」を規定するものに矮小化しようとしており、交渉自体もDOC合同作業部会で行うべしと主張してASEAN側と対立している。中国はCOC交渉を中国とASEAN（地域組織）との間のバイの交渉とは認めておらず、あくまでも中国と個々のASEAN加盟国との「多数国間交渉」との立場を崩していない。このため、かつて、中国は、ASEAN諸国が交渉会合の前に「事前打ち合わせ」を行うことにすら反対していた。

ところが、ASEANの中でカンボジア（およびラオス）が不協和音を発し、中国寄りの立場を鮮明にしてASEANの結束を阻害するようになると、コンセンサス・ベースの「事前打ち合わせ」は中国にとって有利な環境を醸成すると判断し、これに反対しなくなった。もうひとつ、COCに法的拘束力を持たせるか否かについても中国の態度は曖昧になっている。以前はこれに反対していたが、先述の南シナ海仲裁裁判所の裁定が出ると中国はにわかに「DOCに法的拘束力がある」との驚天動地の主張を行い、その第4項（「紛争の解決は直接の関係国間の協議・交渉によるべし」）を引き合いに国際裁判に訴えたフィリピンの態度を強く非難している。現時点では、COCの法的拘束力はそのテキストの仕上がり次第で決めるという立場であり、中国にとって有利か、あるいは無害な内容なら法的拘束力を持たせても良いと考えているようである。

これまでのCOC交渉の経緯を見ると、硬軟織り交ぜた中国の外交テクニックが際立っている。その基本は「時間稼ぎ」であり、一方でASEAN側の主張を聞き入れるふりをし、他方で九段線の主張を繰り返し南シナ海の実効支配を着実に進めようとしてきた。この間、巧妙に「ASEAN諸国の分断」も図った。さらにもうひとつの中国の狙いは域外国（特に米国）の干渉排除である。南シナ海の問題は中国とASEAN諸国との間の平和的な交渉によって解決されようとしており、第三国がちょっかいを出す余地はないことを内外に示すのが真の、そして最大の狙いであろう。こうした中、日本を含む域外国にとっては「法の支配」と航行の自由を根拠にしつつ、陰に陽にＡＳＥＡＮ諸国の立場を支援することが重要である。

広がる華僑・華人ネットワーク

中国による東南アジア諸国との経済関係強化や影響力の拡大を考える時、膨大な数の華僑・華人の存在を抜きには考えられない。華僑とは海外に移住した後も中国籍を保有する人々であり、華人とは現地の国籍を取得している人々を指す。世界全体（中国本土を除く）での数については正確な統計・データはないが海外華人協会などが推計しているところでは約６０００万人ほどだという。このうち約70％の４０００万人強が東南アジアに住んでいる。歴史的に見て彼らがいつ東南アジアに移り住んだのかについては研究者の間でも意見の違いはある。早くは隋唐時代の７世紀頃まで遡れるようだが、多くは明朝末期から清朝前期の17世紀から18世紀にかけての時期と清朝末期の19～20世紀はじめ、そして中華人民共和国成立後の20世紀後半の３つの時期に集中しているとされる。出身地は中国南部の沿海地域（広東省、福建省、海南島）からが圧倒的に多い。

東南アジアにおける華僑・華人の数を国別に見ると国民人口に占める割合が76％とダン

トツに高いシンガポールの場合は国自体が小さいので総数は３００万人（華僑45万人、華人２５７万人）ほどに過ぎない。最も多いのは２０１８年の推計でタイ（９３０万人）、インドネシア（７６７万人）およびマレーシア（７００万人）の３ヵ国とされ、これにミャンマー（１５６万人）、フィリピン（１３５万人）、ベトナム（75万人）が次いでいる。

注目されるのは各国における華僑・華人の人口の多さだけではなく、その富と経済的影響力の大きさである。例えばフィリピンの場合、華僑・華人の数が国民人口に占める割合は１・３％ほどに過ぎないがＧＤＰへの貢献度は（世界華人企業発展報告２０１９によれば）40％に上り、上場企業の50％が華人保有だという。同じ統計でインドネシアを見ると人口比で４％の華人がＧＤＰの約50％、上場企業の73％を占め、タイでは人口比で約14％の華人がＧＤＰの何と70％近くを占めるというから驚きである。

このように東南アジアではビジネスで成功をおさめている華僑・華人が多く、しかも彼らの間での結束が極めて強いのが特徴である。良く知られているのが「幇（パン）」と呼ばれる同郷出身者や同業者の間で形成されている結社組織で、共通の利益と信頼関係で結びつき、独自の金融機関を核にしてほとんど運命共同体的な結束を保っているという。彼らの間での情報共有も密らしく、経済困難の中にあっても共助と連帯で乗り切る結束力がある。これが彼らのビジネス成功の大きな要因だと言われている。

もうひとつ注目したいのは彼らが国境を越えたＡＳＥＡＮ域内での広域人脈や中国本土と強いネットワークを保有していることである。タイの小売業大手セントラルグループやフィリピンのスーパー大手ＳＭグループ、インドネシア製紙大手のシナルマスやコングロマリットのサリムグループなどは中国企業と結びつき、中国本土でも事業展開してのし上がってきた大企業である。彼らの多くは戦後に起業し創業者一代で財を成しており、今や二代目、三代目が事業を引き継いでいる。最近ではＡＳＥＡＮ経済共同体発足後の市場の広域化や投資・資本移動の自由化の恩恵を享受すべく華僑ネットワークを活かして相互に域内投資し事業をさらに拡大している。

華僑・華人によるビジネスの成功は必然的に各国市場を支配し、経済的な影響力を拡大する。彼らが「利益最優先」で相互に結束し、民族・人種的に多数を占める地場企業と反目するようになると社会還元の少なさが地元国民の強い反発を招くようになる。かつてインドネシアやマレーシアで発生した反中暴動の際は中国系商店の焼き討ちが行われた。今、中国による東南アジアへの経済的影響力が急速に拡大しているが、これが「半植民地化」と形容し得るところまで行きつけば大きな反中反動が起こる可能性がある。（なお、先のＩＳＥＡＳ調査でも「華人を経由した内政干渉の悪影響はあるか」との問いに対しミャンマー、ラオス、カンボジア3国では回答者の50％以上が、また、シンガポール、インド

ネシアでも40％以上がこれを肯定している）

客家とプラナカン

海外華人の中に「客家（ハッカ）」と呼ばれる人々がいる。彼らは漢族の一支系であり、独自の文化と言語を持つ集団とされる。多くが山間部に居住し、長らく少数民族のように扱われ蔑視の対象ともなったようである。客家の人々の数は正確にはわからないが５０００万人から1億人の範囲内と見られ、最も多く居住する地域は中国南部の福建省、広東省、江西省などである。なかでも「客家の故郷」と言われるのは福建省南西部の龍岩市から広東省最北部の梅州市（同市人口の98％が客家）にかけての一帯である。客家の起源にまつわる歴史的説明では、もともと中原と呼ばれる黄河中流域に住んでいた漢人が歴代王朝末期の度重なる戦乱や飢饉を逃れて南方（長江の南）へ集団移住し、人跡未踏の山間部に「よそ者」としてひっそりと暮らしてきた人々ではないかという（これには異説もある）。

客家の人々が海外に集団移住するようになったのは17世紀のはじめ、明朝末期に台湾に渡ったのが始まりという。その後、18世紀の後半にかけて清朝の康熙・雍正・乾隆帝の時代にも大きな移住の波があった。現在、客家は台湾人口の約15％、３５０万人ほどだという。では、東南アジアはどうかというと、最も客家人口の多いインドネシア（約１６０万人）に渡ったのが20世紀の前半、清朝末期から中華民国の時期とされる。もちろん、初期の移住は古く、13世紀の南宋末期まで遡れるらしい。マレーシア（約150万人）の場合も同様だが主流は19世紀以降のようである。この他、客家人口の多い国はタイ（約100万人）とシンガポール（約80万人）である。

客家の人々はその生活の質素さと勤勉なことで知られる。多くの華僑・華人が金儲けに奔走する傾向が強いのに対し、客家の中には政治家を志す人が少なくない。中国本土では孫文、朱徳、鄧小平など枚挙にいとまがなく、古くは私の好きな文天祥（南宋末期にモンゴル軍に愛国的な抵抗戦を挑んだ英傑）も客家だったようである。台湾では李登輝や現在の蔡英文総統が客家である。東南アジアではシンガポールのリー・クアンユーとリー・シエンロンの両首相（父と息子）が客家であることはつとに有名だが、タイのタクシン、インラックの両首相（父と娘）やアピシット首相、フィリピンではコラソン・アキノ、ベニグノ・アキノ3世の両大統領（母と息子）らが客家と言われている。インドネシアとマレーシアには中国系の大統領・首相はおらず、従って著名な客家出身政治家もいない。客家の人々の間には独自の人脈と情報ネットワークがあると言われており、あたかも欧米におけるフリーメーソンの如く、国境を越えた横の人的繋がりが外部からはうかがいしれないところがある。

最後に東南アジアにおいて「プラナカン（子孫・末裔の意）」と呼ばれる華人集団があることを紹介したい。彼らは「海峡華人」とも呼ばれ、「欧米列強の統治下にあったマレー海峡周辺に15世紀後半から数世紀にわたって移住し根づいた主に福建省からの移民の末裔（少なくとも4世代以上にわたって存続してきた家系）」とされる。彼らは独自に集団を形成した他の華僑・華人と違い地元に同化して生きて来た人々であり、祖先の文化や言語の名残をのこしているものの、中国本土への帰属意識は薄いという。言語はマレー語と福建語が融合したクレオール系の方言だが、今ではこの言語を話す人々は一部の高齢層にとどまり、若い世代は現地語と英語を話すのが一般的だという。

今日、「プラナカン」に分類される華人はインドネシアに最も多く、次いでマレーシアとタイに多く、シンガポールではエリート層を形成している。フィリピンには「トルトナス」や「サングレイ」と呼ばれる古い時代の中華系移民がいるが、これも現地社会に同化した人びとである。彼らの外貌は現地人と区別がつかなくなっている者も少なくないようだが、中国語の習得が速く、現代の中国人ビジネスマンが現地進出する際に仲介役を果たすケースもあるという。中国から見れば有益な人的アセットといえるかもしれない。

第7章 日中越トライアングルへの視点

元寇と日露戦争の逸話

最近、伴野朗の歴史小説『元寇』（1993年・講談社刊）を読んで、13世紀後半に日本を襲った元寇（文永・弘安の役）にベトナムが深くかかわっていたと書かれていて、大いに興味を惹かれた。元の世祖フビライは高麗を服属させたのち、南宋の征服に狙いを定め、その資金源となっている日宋貿易の停止と元王朝への朝貢使の派遣を日本の北条政権に要求する。そのため、元はたびたび日本に外交使節を送るが北条政権はこれを拒否して時に元の使者を捕縛し斬刑に処している。1274年の文永の役の5年後に南宋は滅亡するが、フビライは度重なる日本の外交儀礼を失した対応に怒り、1281年に弘安の役を起こす。元軍兵力の大半は高麗人と旧南宋人であり、日本襲撃で彼らが何万人死のうと元王朝にとっては痛くもかゆくもなく、むしろその反元武装勢力を削ぐための「棄民政策」だったのではないかと著者はいう。問題は弘安の役のあとで、フビライは3度目の日本攻撃に執念を燃やすが、その一方で、元はベトナム征服に手を焼き、兵力を失い国家の財力を衰微させてしまう。ベトナム側は英雄チャン・フンダオ将軍の活躍で3度にわたる元軍の侵攻をすべて撃退している。フビライは側近の強い進言でついにさらなる日本攻撃を断念せざるを得なかったという。何とも興味深い話である。

もうひとつ、私が自著『ベトナムの素顔』（２０１５年・宝島社刊）の中で紹介した話だが、日露戦争時の日本海海戦（１９０５年）でバルチック艦隊が壊滅した背景にベトナム革命勢力による協力があったとされる。バルチック艦隊はインド洋を回って日本海に向かう途次、補給目的でベトナムのカムラン港に寄港するが、フランス植民地からの解放を目指し日本に心を寄せるベトナム維新会のメンバーが港湾労働者の中に紛れ込み、泥炭と偽ってただの泥を燃料タンクに補給したらしい。このため、多くのロシア艦船がエンジントラブルを起こし、日本海での作戦行動に大いに支障をきたしたという。これは、ベトナム在勤中にこの国の歴史研究者から聞かされた話だが、日本の防衛研究所にも関連資料があるらしいから、事実かと思われる。歴史は多角的に見なければ真実はわからないという事例のひとつである。

さて、現代の日中関係を考える時、中国とベトナムの間で、また日本とベトナムの間で何が起こっているのかを考察してみるのも無駄ではないように思う。こうした考察から今後の日中関係や日越関係の行方も見えてくるかもしれない。

九段線とハノイ地下鉄

ベトナムにとって北方の大国・中国は何とも厄介な存在である。かつて、千年にわたって中国の支配を受けたことがあり、10世紀半ばに独立した後も中国の歴代王朝と戦争を繰り返した。陸続きである両国は過去二千年のあいだに大きな戦争だけでも14回を数え、その最後のものが1979年の中越戦争である。この歴史はベトナム人のDNAの中に深く刻み込まれ、今でもベトナム人の対中感情は良好とは言えない。

2019年はベトナム人のこうした対中感情がさらに悪化した1年だった。両国が領有権を争う南シナ海では、この年の7~10月に中国の調査船「海洋地質8号」などによる南沙諸島のベトナムEEZ内での海洋調査が4度繰り返され、その都度ベトナム側が抗議している。これに先立つ3月と8月には西沙諸島周辺で中国海軍による大規模な実弾演習も行われてベトナム側をいら立たせた。

同じ頃、ベトナム国内で流布する南シナ海の地図に中国が主張する九段線が描かれたものが相次いで見つかり、大騒ぎになっている。発端は中国製の日本ゲーム「陰陽師」の中で描かれた地図にこれが見つかったことで、直ちにベトナム当局の指示でアプリの配信が停止された。ホーチミン市の大手旅行代理店の店舗では中国旅行用パンフレットの地図やベトナム国内で販売されていたフォルクスワーゲンのカーナビ、太陽光インバータのモニター・アプリの地図などにも九段線が描かれたものがあったという。極め付けは、米中合作アニメ映画の劇中シーンに同様の地図が登場するとして直ちにベトナム国内での上映中止措置がとられた上、これを許可した文化スポーツ観光省の映画局長が降格処分を受けた騒ぎである。この年の年末には国際医療NGO主催のイベントに出席を予定していたジャッキー・チェンが、かつて九段線を擁護する発言をしたとの理由で急遽訪越を取りやめる事態に発展している。この種の「騒動」はその後も断続的に続いており、2023年にも米国映画『バービー』など外国映画・アニメが同じ理由で上映禁止になっている。ベトナム当局が南シナ海における中国との領有権争いに極めて神経質になっていることの証左であろう。カーナビであれ何であれ中国側が製作する地図には当然のごとく九段線が描かれ、これが世界に出回っている。ベトナム側からすれば「モグラたたき」の状況である。

この「九段線問題」以上に深刻なのは、ベトナム中南部地方で建設を予定している南北高速道路の東部区間をめぐる建設業者の入札問題であろう。このプロジェクトは南シナ海に面する全長654km、投資総額50億ドル超の一大事業で、2019年に入ってベトナム政府が区画ごとに国際競争入札を行った。ところが、応札業者の大半（30社）が中国企業であったことから、同年の9月末に、政府は安全保障上の理由から急遽この入札手続を白紙に戻し、国内業者のみを対象とする指名競争入札に変更すると発表された。前代未聞の事態であった。

中国企業をめぐってはハノイの地下鉄工事でもトラブルが相次いだ。ハノイ中心部から北に伸びる全長13kmほどの2号A線は今から12年以上前の2011年10月に中国企業を元請け業者として着工している。工事は中国鉄道第6局とのEPC契約で、業者も随意契約で選定されている。当初の完工予定は2015年とされたが、それが土地収用の遅れもあって2017年に延び、その後も大幅に遅れ、やっと2021年になって一部区間(高架路線)のみの運行が開始されるという始末である。プロジェクト資金の大半は中国輸入銀行からの融資(650億円相当)で賄われているが、その後、工事代金は850億円以上に膨らんでおり、ベトナムの制度では本来なら国会承認を要する金額だが、実際には国会に諮ることなくハノイ市の一存で進められているようで、そのことも問題になっている。工事の遅れに伴う融資資金の追加利息は年14億円相当といわれ、2023年9月時点での同地下鉄運営会社の負債総額は190億円に上る。「中国企業はこりごり」というのがベトナム政府の本音かもしれない。

ベトナム共産党の気になる親中姿勢

しかしながら、ベトナム経済界や国民一般レベルでの反中感情の高まりとは裏腹に、ベトナム共産党指導部はあいまいな(宥和的ともいえる)対中姿勢をとり続けている。2011年から党書記長のポストにあるグエン・フー・チョン氏は親中派と見られており、中国の習近平総書記との関係も悪くない（このことについては次章で詳しく触れたい）。南シナ海における領有権問題でもベトナム共産党の対応は腰が引けており、「航行の自由作戦」を進め中国の拡張主義的対外姿勢に厳しく対応しようとしている米国をいら立たせている。2018年11月に開催された国会で南シナ海問題が議論された際には発言する国会議員の多くが中国を名指しして批判することをはばかり、「ある国が…」としか言えない空気が支配的だったという。党指導部（特にチョン書記長）の意向を「忖度」しながらの発言ということだったのではないか。

事実、ここ4～5年、中国の対ベトナム外交は一段と積極的になっており、特に経済面での影響力を急拡大させている。2023年の中国によるベトナムへの直接投資は認可ベースで過去最高の40億ドルに達しようとしており、この金額は日本のそれに近い。香港による投資分を加えれば韓国はもちろん、投資額第1位のシンガポールを上回り、最大の投資国になる。国別での投資額順位でも中国は2021年が5位、2022年と2023年が4位になる。この背景には前章でも触れたように米中経済摩擦の余波を受けて、迂回輸出目的やサプライチェーン安定のために製造拠点を中国本土からベトナムに移転する動きがあることもあるが、それ以上に、労働コストの上昇を受けて賃金の安いベトナムに工場を移転させようという中国企業（および在中国外国企業）が多くなっていることがある。

また、ベトナムでの大型インフラ案件の受注を目指す中国企業も増えており、「一帯一路」の重要な一環としてベトナム事業を位置付ける中国政府の思惑もありそうである。事実、2018年11月、シンガポール事業連盟（SBF）が英プライスウォーターとの合同調査の結果として発表したところによれば、一帯一路関連プロジェクトの投資先としてASEAN・南アジア企業に最も人気のあったのはベトナムで、全体の60%の肯定的な回答があったという。その一方で、上述の通り、ベトナム政府は、南北高速道路の建設に中国企業を絡ませることに慎重な態度をとっており、ベトナム指導層、特に共産党政治局員個々の対中警戒心に微妙な温度差が垣間見える。

この関連でひとつ気になる噂がある。それは、共産党内で、学校教育から「歴史」課目をなくすことが真剣に検討されている――というものである。ベトナムの歴史は中国との戦争の歴史でもあり、ベトナムの英雄は（ホーチミン元国家主席を除き）ほぼ全員が中国との戦いに勝利した皇帝や将軍たちである。本章の冒頭で触れたチャン・フンダオ将軍はそうした英雄の代表格であり、中国側からするとベトナムの歴史教育は「反中教育」もどきに見えるのではないか。おそらくベトナム共産党指導部はこのことで中国側から圧力を受け続けていた可能性があり、それが今回の「歴史教育廃止」（注：「歴史」を単独課目ではなく、「社会」課目の一部にするもの）の動きとして表面化したのではないかと推察される。事の真相はいまひとつ定かでないが、ハノイの教育関係者の間で広く流布している噂であり、「火のないところに煙は立たない」の喩えもあり、何らかの根拠はあるのではないか。そういえば、将来を嘱望されながら数年前に不可解な死を遂げたレ・ハイ・アン教育訓練省次官をめぐる一連の謎も解明されていない。最近のベトナム共産党の親中姿勢と絡んで何とも気になる話である。

ベトナム庶民レベルで高まる嫌中感情

以上のようなベトナム共産党指導部の中国寄り姿勢に反して、近年、ベトナムの一般世論の嫌中感情を刺激する出来事が相次ぎ、中国へのいら立ちを一層強めているように見える。2019年1月はじめのことだが、中国人率いる代理出産ルートが摘発されたのに続き、臓器あっせんの闇組織の存在も明るみになって、ベトナム国内で広く報道された。公安省の発表では100人以上のベトナム人が中国に連れていかれて腎臓摘出の手術を受けていたという。その直後の同年3月末にはホーチミン市で大規模な麻薬密売ルートが摘発され、中国人の元締めが逮捕されている。これには中国人が経営する縫製工場の本社が麻薬の製造・密輸に関与していたらしい。続く7月にはハイフォン市にある中国人居住区でオンライン賭博ルートが摘発され、何と中国人の若者380人がこれに関与していたとして逮捕された。賭博掛け金の合計額は日本円に換算して470億円を超えていたというから驚く。

極めつけは、同年8月はじめの公安省発表である。その発表によれば、2016〜2019年（6月末時点）の3年半の間に中国人が関与した人身売買事件が一千件以上発生し、ベトナム人2319人が中国に売られたという。大半がベトナム北西部の中国国境近くで発生しており、売買の対象には若い女性だけではなく、男児も含まれる。私はこの問題を自著『ベトナム・アジア新論』（2019年・振学出版刊）の中で詳しく紹介したが、事態はさらに悪化しているようである。

同年6月にはハノイ市在住の60歳を過ぎた男性が10年以上前に行方不明となった娘（当時16歳）を探すために15回以上も中国を旅し、とうとう1年後に広西チワン族自治区の売春宿で発見して無事連れ戻したという「美談」が報じられた。この時に同じ売春宿には10人以上のベトナム女性がいたらしく、同時に保護されたという。この記事に触発されたのか、翌7月には20年以上も行方不明だったベトナム女性が中国国境近くで発見されたという報道が相次いだ。こうした事件はその後も発生している（2020年7月には22歳の女性が9年振りに、また2022年11月には54歳の女性が何と27年ぶりに拉致先の中国から故郷に戻り人々を驚かせた）。その背景には中国農村部における結婚できない男性の増加

（貧しい農家の後継ぎ男子には嫁がほとんどこないため）という深刻な社会問題があるようだ。上記の報道によれば、19歳の時に誘拐され中国に連れていかれたゲアン省（ベトナム中北部）の女性の場合、最初に結婚させられた相手は65歳の中国人男性だったという。その後も離婚、脱走失敗、再婚強要が繰り返えされ、麻薬常用に起因する記憶喪失症状も見られたというから何とも悲惨なことである。こうした一連の報道が庶民レベルの嫌中感情を刺激するのは避けられないだろう。

日中両国とベトナムとのトライアングル

ここまで私は2019年にさかのぼって中越間で何が起こっていたかを詳しく振り返った。日中関係については連日のように日本のマスコミでも報じられているし、日越関係についても両国首脳が会談する機会には一定の報道が行われるのでご存知の方も多いと思うが、中国とベトナムの関係となると南シナ海の領有権をめぐって余程の事態が発生しない限り日本のマスコミが関心を向けることはまずないので、あえて多くの紙幅を割いて説明した。もっとも先述の通り、米中経済戦争の影響で中国に進出している外国企業（日本企業を含む）が難を避けるべくベトナムに工場を移転したり、当の中国の企業自身もベトナムを迂回輸出拠点にすべく対ベトナム投資を拡大する動きがあり、このことを紹介する報道は時々見かける。ベトナムが米中経済摩擦の「漁夫の利」を得ている、と言わんばかりの報道である。しかし、私が見るところ、ベトナム自身がこうした状況を喜んでいるかというと必ずしもそうではない。理由はいくつかある。

ベトナム政府からすれば第三国企業はともかく、中国企業が大量にベトナムに進出することは中国の政治的な影響力拡大につながるし、ベトナムを拠点に対米輸出を拡大させれば、それでなくても巨額の対米貿易黒字をかかえるベトナムにとっては米国政府の否定的な反応を誘発しかねないと心配せざるをえない。すでに2018年5月に米国財務省がベトナムを為替観察対象国に指定したことがあり、2022年に900億ドル超を記録した対米貿易黒字が今後さらに拡大するであろうことが予想される中、米国政府がベトナムからの輸入品に何らかの制限措置をとる可能性は排除されない。特に、この貿易黒字拡大の背景に中国企業による迂回輸出が絡んでいるということになれば米国が輸入制限措置をとることが正当化されかねない。その場合、とばっちりを受けるのはベトナム企業であり、ベトナムに進出している第三国企業である。

また、ベトナムの一般世論も中国によるベトナムへの投資拡大を歓迎していないようだ。従来、中国はベトナム国内における嫌中感情を考慮して直接の投資を控え、香港やシンガポール経由で投資する傾向があった。事実、今世紀のはじめ頃にベトナムに進出していた中国企業でストライキや破壊行為が頻発し、撤退を余儀なくされた過去がある。２０２３年前半の統計でも中国企業におけるストライキの発生件数は韓国、台湾に次いで三番目に多く、進出企業数と対比すれば中国企業におけるストライキ発生率は異様に高い。

今、ベトナムにおける一般労働者の賃金は、中国国内の半額以下のレベルであり、中国企業がこれをさらに低く抑えようとしたり、社員食堂や社員寮にかかる経費をカットしようとすれば確実にストライキの発生原因になる。おそらく今後こうした状況はさらに悪化し、ベトナム当局が沈静化にやっきとなる事態を招くのではないか。私は、ベトナム側が認可基準の厳格化などの手段で中国からの直接投資・企業進出に何らかのブレーキをかける可能性すらあるとみている。

第8章 コロナ後のベトナムと日越関係の行方

２０２３年7月に約5年ぶりにベトナムを訪れた。コロナ禍で海外旅行もままならず、すっかり足が遠のいてしまったが、一大決心（?）をして、ハノイと中部ダナンへの5泊6日の旅を敢行した。私が大使としてベトナムに在勤したのは10年以上も前のことであるから随分と昔のことになる。その後、何回かベトナムを訪れたが、行くたびに街並みの急速な変貌ぶりに驚かされる。とにかく近代化のペースが速いのである。

ハノイの中心部にホアンキエム湖という周囲2ｋｍほどのさほど大きくない湖がある。旧市街はその北に隣接している。この湖の周囲には鬱蒼とした木立が生い茂っており、週末には歩行者天国になっていることもあってハノイ市民の格好の憩いの場、散歩コースになっている。私はこの近くに宿をとり、早朝5時半頃にブラブラと散策に出たがすでにジョギングする大勢の人で溢れていた。辻々では30～50人ほどの集団が大音響でエアロビクス・ダンスをしており、けたたましいことこの上ない。大半は小太りのおばさん方で、集団ごとに揃いのユニフォームを着ている。とにかくそのエネルギッシュな光景には圧倒される。

旧市街に足を踏み入れるとそこにはありとあらゆるゴミが散乱し、露天も立ち並んだ昔ながらの風景が展開する。真夏のハノイは日中はひどく暑くなるので人々は早朝に動く。朝夕のラッシュ時間帯における怒涛のようなバイクの波は相変わらずである。10年前との違いはこれに大量の自動車が加わったこと。交通マナーは期待すべくもなくクラクションが鳴り続けている。私はこうした喧騒と混沌の中に身を置きながらこの国は果たしてどこに向かっているのかと考えた。アジアで4番目に多い1250万人超のコロナ感染者数（米国のジョン・ホプキンス大学が2023年3月10日までに集計した最終調査結果）を出したベトナムだが、その傷跡は同国の政治・経済・社会にどのような形で残っているのだろうか。本章はベトナム旅行中のそうした漠然とした思索を振り返り、その一端を書き記したものである。

コロナ禍の傷跡

今、ベトナムの観光業は劇的に回復しつつある。それを如実に感じさせてくれたのがベトナム最大の観光地のひとつである中部・ホイアンの旧市街を散策している時だった。街路という街路が旅行客で溢れかえり、あたかも満員電車の中を人をかき分けながら歩くような有様で、文字通り「芋を洗う」が如き状況だった。地元の報道でも2023年のベトナム全土の外国人旅行者数は2019年（過去最多の1800万人を記録）以来の一千万人超となる1260万人まで増えている。入国制限が厳しかった2021年は総数が16万人弱、翌2022年も夏から本格的な旅行再開となったものの それでも外国人旅行者総数は366万人にとどまっていた。それが2023年に急回復しているのは（日本の場合と同様に）韓国人観光客の急増である。この年の年間では（2019年の429万人には及ばないものの）360万人近くまで増加している。コロナ前までは常に中国人旅行客が最多だったが、今や韓国人がダントツの第1位である。

私が今回訪問したダナンは特に韓国人観光客が多い街である。日本総領事館によればダナン在住の日本人は500人ほどだが、韓国人は1万人を超えるそうである。このことを実感するには深夜のダナン空港に行くとよい。韓国への帰国便が同じ時間帯に5～6便飛んでおり、空港内は韓国人旅行者で溢れかえっている。日本へ戻る深夜便は1便だけだからその差は歴然としている。私は空港で土産物を買いたいと思っていたがまさか深夜12時までは営業していないのではないかとも懸念していた。しかし、懸念はご無用、土産物店にとってはこの時間帯こそピークの稼ぎ時だった。この時ほど「韓国パワー」のすさまじさを感じたことはなかった。

確かにベトナムがコロナ禍からの回復期に入っていることを実感した旅だったが、地元の人々に話を聞いてみると必ずしもそうとばかりは言えないようだ。その第一が経済の停滞だ。輸出と外国からの投資に依存しているベトナム経済は世界的な景気低迷の影響をもろに受けている。外国に出稼ぎに行っていた若者たちも3年近く続いた渡航制限によって機会を失い、都市部での若年失業率が10％以上に高止まりしていることもあって、田舎に里帰りしたまま戻って来ないのだという。２０２３年のＧＤＰ成長率見通しも何度か下方修正され、同年末に統計総局が発表した数字では前年の８・０２％から大幅下落した５・０５％だという。２０２３年、国民人口がついに１億人を超えたベトナムとしては何としても経済回復を急がねばならない。

コロナ禍がもたらした2つの汚職事件

しかし、私が見るところ、コロナ禍の最も深刻な影響はベトナムの内政に関わるものであったように思える。最近、日本でベトナム事情通とされる方々と話をすると必ず話題になる出来事がある。コロナ禍をめぐる「二大汚職スキャンダル」である。ひとつは２０２１年秋に発覚したコロナ検査キットをめぐる研究開発費および製品価格の水増し事件である。ベトナム企業が請け負った国費による研究開発費や政府や地方自治体が大量に購入した検査キット価格が大幅に水増しされており、その差額が政府要人や地方の役人らに賄賂として分配されたという。この事件では保健大臣やハノイ市の人民委員長（市長）ら90名以上が逮捕された。２０２３年8月の捜査終了を受けて実際に起訴決定となったのは38名にとどまったが、保健大臣の収賄額が日本円換算で3億円を超えていたとの捜査結果には呆れるばかりである（２

024年1月、ハノイ人民裁判所で被告38人に有罪判決、このうち元保健大臣には禁固18年の重い判決が下されている)。

もうひとつは2022年4月にコロナ特別帰国便をめぐる収賄容疑でトー・アイン・ズン外務次官が逮捕されたところから始まった政府中枢部を巻き込んだ大汚職事件である。コロナ特別便とはコロナ感染の広がりと渡航規制強化(国際航空便の運航停止)を恐れた海外在住ベトナム人に帰国の便宜をはかるためにベトナム航空が2020年および2021年前半に関係各国に飛ばした臨時便(62ヵ国に1000便以上)のことである。この臨時便には搭乗希望者が殺到したためにその予約は極めて困難で、しかも航空運賃は通常の3~4倍に跳ね上がった。航空会社にとっては実に利幅の大きい「おいしいビジネス」になったのである。

ただ特別便を飛ばすためには関係各国に所在するベトナム大使館から公電による「運航要請」があることが前提であり、その大使館は公電発出に先立ってあらかじめ本国政府(首相府・外務省など)から内々の依頼を受ける段取りとなっていた。こうした仕組みが航空会社や旅行会社からの資金を源とする贈収賄の温床を生んだ。この事件の全貌が次第に明るみになるにつれ贈収賄の広がりと金額の大きさがベトナム社会を震撼させることになった。次官級を含む多くの政府高官らが逮捕され、2022年12月にはその責任をとって共産党政治局員でもあった副首相二人が辞任に追い込まれた。そのうちの一人は前外相のファム・ビン・ミン氏である。

この事件の捜査完了が発表されたのは2023年4月で、逮捕者数は54名、その中には駐日大使だったボー・ホン・ナム氏も含まれていた。彼の収賄額は日本円換算で1000万円を超えていたようだが、主犯格のズン外務次官は1億円以上の賄賂を受け取っていたと報道された。賄賂の総額は13億円を超えていたらしい。実はナム大使は3年の在任予定期間の終わりに差し掛かり、その後任はズン外務次官ではないかと見られていたので、この逮捕劇でベトナムの対日外交に影響が及ぶのではないかと懸念する声も出た（同じ4月に新任の駐日大使としてファム・クアン・ヒエウ外相補佐官が任命された。47歳という異例の若さである）。なお、事件の裁判はハノイの人民裁判所で行われ、2023年7月末、54名全員に有罪判決（うち外務省領事局長を含む3人に終身刑）が下されている。ズン外務次官は同年12月の控訴審で禁固14年が確定した。

驚天動地の国家主席辞任劇

しかし、先述した2つの汚職事件はここで終わらなかった。2023年1月にこれらの事件の監督責任をとる形でグエン・スアン・フック国家主席が突然辞任したのである。実はフック主席は2022年の9月に安倍元総理の国葬に参列するために訪日していた。この時、私は宿泊先のホテルでフック主席と面会していたが、意気軒高そうでとても4ヵ月後に辞任することになるとは夢にも思わなかった。もちろん、フック主席は岸田総理とも個別会談を行い、日越関係の強化で合意していた。

私の率直な印象は、事件にかかわる監督責任を問うのであれば多くの政府要人の逮捕者を出した事実からして政府のトップである首相の責任こそ先ず問題にされるべきではなかったかというものだった。事実、二人の副首相が解任されており、その上司である首相の責任がまったく問題にされていないのは理解に苦しむ。外務次官ら複数の外務省幹部が逮捕されてもブイ・タイン・ソン外相には何のお咎めもないのにである。この謎を解く鍵は2021年の党大会時の書記長人事をめぐるフック国家主席（当時は首相）とグエン・フー・チョン書記長との間の「軋轢」にあるのではないかとの指摘がある。

この時の党大会では書記長在任がすでに10年になるチョン氏は「最長10年」の内規に従い退任し、その有力後任候補はフック首相と見られていた。問題はフック氏がベトナム中部（旧南ベトナム領のクアンニン省）の出身であり、共産党の長老たちの間に後任書記長を旧北ベトナム出身者以外から選ぶことへの強い抵抗があったと言われる。ベトナム戦争が終って半世紀近くが経過しても南北間の政治意識のギャップは解消されていないのである。結局、チョン書記長は留任し、フック首相は国家主席（名誉職に近い）に「昇格」することで決着した。

　1944年生まれのチョン書記長は2024年4月の誕生日で80歳。ホーチミン元国家主席の死後「集団指導体制」をとってきたベトナムの政治指導者としては異例の高齢かつ長期の在任である。フック国家主席との間には10才の歳の差がある。さすがに2026年1月の党大会でチョン書記長は退任すべきとの党内世論が強まるのは避けられないだろうが、さりとて後任候補に相応しい人物としては相変わらずフック国家主席以外は見当たらない。そうした中で発生したのが今回のコロナ・スキャンダルである。

　上述の通り、2023年1月、フック国家主席は突然辞任に追い込まれた。ベトナム事情通が「チョン書記長による露骨な後任潰し」と見るのも納得が行く。加えて、後任の国家主席に抜擢されたのが弱冠53歳（2023年3月の任命時）のボー・ヴァン・トゥオン共産党書記局常務だったから驚きはさらに広がった。チョン書記長との間には親子ほどの歳の差がある。トゥオン新国家主席はチョン書記長と同じ「党内理論派」に属し、その子飼いの人物と見られてきた。これではチョン書記長が次期党大会で4期目への再々任を狙っているのではないかとの憶測を呼ぶのも当然である。

報道統制の中で生まれる数々の憶測

共産党の一党独裁下にあるベトナムでは報道の自由が大きく制限されている。国際ジャーナリストNGOの「国境なき記者団（RSF）」が毎年発表している世界報道自由度ランキングの2023年版によればベトナムは調査対象となった180ヵ国の中で178番目、世界最低レベルの報道自由度である。ベトナム以下の2ヵ国は中国と北朝鮮だけだから何とも残念である。事実、私が毎朝視聴しているNHK／BS放送の「ワールドニュース」の中で紹介されるVTV（ベトナム国営テレビ）の報道でも時事的なニュースはほとんどなく（特に解説・分析報道は皆無）、大半が当たり障りのない経済・文化ニュースばかりで何ともつまらない。

ベトナムに在住しているとTV番組の大半が歌謡番組あるいは中国か韓国のドラマ（俳優の音声はなくナレーションで筋書きが語られるもの）であることに驚く。ところが、当然ながら、ベトナムの内政・外交は日々動いており、これに関心を向ける一般国民は口コミ・耳コミでその動静を知り、さまざまな憶測がネットで流布することになる。

共産党の幹部人事や汚職腐敗にかかわる事件はこうした憶測の格好の餌食となる。実は先述した驚天動地の辞任劇の裏には、もうひとつ、隠された重大な事情があるとの見方（憶測）がある。それはベトナム共産党内の親中派による「親欧米派の粛清」ではないかという読みである。この読みをもっともらしくするのは先述の通り2022年12月にコロナ・スキャンダルに絡んで、親欧米派と見られていたファム・ビン・ミン副首相（元外相）が解任されている事実である。私は同副首相が外務次官（北米担当）を務めていた当時に多少の交流を持ったが、いたって生真面目な人間で清廉潔白との評価が高く、汚職腐敗とは最も縁遠い人物のように見受けられた。フック国家主席も首相時代から誠実な人柄として知られ、日本や欧米諸国との関係強化に尽力した政治家である。親中派からすればフック国家主席やミン副首相は要警戒の人物だったのかもしれない。

私の友人は2022年10月にチョン書記長が突如訪中した事実を指摘して、この時の一連の解任・辞任劇に関連付けている。もちろん、真相は不明だが、いかにもありそうなことである。昔からベトナム共産党の最高幹部人事は「中国のお墨付き」を得て動いているとの噂が絶えない。19世紀までの中国歴代王朝時代には（建前として）近隣朝貢国の国王就任には中国皇帝の勅許が必要とされた。21世紀の中国とベトナムの関係においてこうした昔ながらの隷属関係のような因習が続いているとは考えにくいが、共産党どうしの関係においてはまったく否定できないのも事実である。

ベトナムの対米中関係

確かに中国によるベトナムへの影響力は大きい。経済関係で見てもベトナムにとって中国は最大の貿易パートナーであり、近年は直接投資も増加傾向にある。ベトナム北部では人の交流も深まっている。先述の通り、チョン書記長をトップとするベトナム共産党は基本的に親中姿勢を堅持しており、習近平指導部との関係も良好である。2023年12月には習近平国家主席が6年振りにベトナムを公式訪問（3度目）し、両国共産党間の伝統的友好協力関係を確認しつつ中越関係を「運命共同体」へと構築していくことを強調した。共同声明では「和平演変・カラー革命の阻止」で協力することを謳う一方で、相互に「4つのノー」（軍事同盟に参加しない、第三国に対抗するために他国と協力しない、など）の安全保障政策を再確認したのも象徴的である。そこにはベトナムとの関係を強化する日米両国を牽制する中国側の狙いも垣間見える。

他方で、安全保障面での両国の関係は微妙である。南シナ海の領有権をめぐる懸隔は続いているし、トンキン湾（海南島以南）における海上の国境線も未確定のままである。1979年にはカンボジア問題をめぐって中越両軍はベトナム最北部の国境近くで武力衝突している。この時のベトナム側の被害は甚大で、40年以上が経過した今でも高齢者の間ではその記憶は消えていない。中国の高圧的・威圧的な外交姿勢も相まってベトナム人一般は中国に好感情を有していない。

では、ベトナムの対米関係はどうか。米国はベトナムにとって最大の輸出先であり、特に繊維縫製品や皮革製品の米国市場への依存度は大きい。その貿易黒字は巨額（２０２２年は９４９億ドル）で、これだけでベトナムの対外貿易全体の黒字額（２０２２年は１２４億ドル）を大きく超えている。（このためもあってか２０２３年11月にベトナムは中国など５ヵ国とともに米国財務省の「為替操作監視対象国」に再指定された）

確かにトランプ前大統領の時代には米越関係はややギクシャクした感があったが、バイデン大統領になって政府要人の相互訪問も相次ぎ、２０２３年９月には、そのバイデン大統領自身がインドでのＧ20サミット出席の帰路にベトナムを大統領就任後初めて訪問するなど、だいぶ関係が改善しているようだ。そのあらわれのひとつがベトナムとして対米関係を中国やロシアと並ぶ最高位の「包括的・戦略的パートナーシップ」に格上げしたことだろう（注：日本も同年12月の日越首脳会談で同ランクに格上げされた）。また、この機会にベトナム航空がボーイングＢ７３７ＭＡＸ型機50機、総額１００億ドルの購入覚書を結んだこともバイデン大統領にとってはよい「おみやげ」になったに違いない。

バイデン大統領が提唱している「インド太平洋経済枠組み（ＩＰＥＦ）」にもベトナム

はいち早く参加を表明（2022年5月）している。また。米中関係が悪化する中、中国が南シナ海での領有権の範囲を一方的に主張するいわゆる「九段線」に対してベトナムが強い反発を示し続けていること（「九段線」が映っている外国映画・アニメの上映禁止など）も米国に好印象を与えているようだ。2023年7月には米国の原子力空母ロナルド・レーガンがダナン港に寄港している（近年、米国人一般のベトナム旅行熱も過熱し、国籍別で2023年には韓国、中国、台湾に次いで4番目に多い旅行者数になっている）。

ただ、ベトナム側には米国政府がベトナム国内の人権問題に厳しい姿勢を取り続けていることへの反発もある。ベトナム戦争の記憶もいまだ完全には消えていないだろう。2023年6月にはベトナム中部・カンボジア国境沿いに位置するダクラク省で100名近い少数山岳民族の若者が当局による地元民の土地の強制収用に反発して村役場などを襲い警察官を含む9名を殺害するという驚くべき事件が発生した。ベトナム政府は同年10月に92名の若者らを起訴したがその際、事件の背景に在米のベトナム人反政府組織「ベトタン」の扇動があるとの見解を示している。この「ベトタン」の存在は常に米越間の隠れた火種になっている（2024年1月に地元の人民裁判所で被告全員に有罪、特に主犯格の10名には終身刑が下された）。

日本国内には対中政策との関係で「ベトナムを取り込め」との主張があるが、ベトナムの対外姿勢は（インドの場合と同様に）「戦略的自立」を基本としており、中国か欧米諸国のいずれか一方に与することをよしとしていない。一般国民の感情とは別に党・政府レベルは経済的な打算・利害関係で動いていると見るべきである。

日越関係50周年と今後の展望

２０２３年は日本とベトナムが外交関係を樹立してから50年の節目にあたり、これを祝して同年9月に秋篠宮皇嗣殿下がベトナムを、また12月にはボー・ヴァン・トゥオン国家主席が日本をそれぞれ公式訪問された。半世紀前の１９７３年はまだベトナム戦争が続いていたが、米軍が南ベトナムから撤退したことで戦争の帰趨がほぼ明らかとなったため日本政府は当時の北ベトナム政府と国交交渉を行い外交関係を樹立した。その前年には田中角栄総理大臣が北京を訪問し国交回復を図っており、社会主義国のベトナムと外交関係を結ぶことへの障害はほぼなくなっていた。主たる懸案は戦後賠償の処理と日本政府が南ベトナム政府に供与してきた借款の債務継承の問題であったと聞く。引き続く南ベトナム政府との関係も「残務」として当面は維持された。これらの問題が円満に解決されたことで短期間に交渉がまとまり外交関係樹立となった。戦後日本外交における英断のひとつであったろう。

この50年間、日越関係はおおむね順調に推移してきた。特に、1980年代後半からベトナムが改革開放路線に転じ、ASEANにも加盟したことで両国の経済・貿易関係は急速に拡大した。2023年の貿易額は輸出入の総額で約6兆円（ASEAN諸国の中ではタイに次ぎ第2位・ベトナム側の対日黒字額が1兆円超）、特にベトナムからの輸入の3分の1以上を占める縫製品、木材・木製品、水産物および履物は日本市場に溢れるようになっている。日本からベトナムへの投資は近年やや低調とはいえ、同国では2～4番目の主要投資国になっている。かつては日本の大手製造企業が安価なベトナムの労働力のメリットを活かして組み立てと輸出の拠点としてきたが、今では旺盛な内需に着目し、ベトナム国内市場をターゲットにする方向に企業戦略を転換しつつある。ただ、日本の製造業にとってはベトナムでの労働賃金の急速な上昇と裾野産業の未発達、幹部・高度技術人材の不足などが事業拡大のネックになっているようだ。

また、人の交流の拡大、特に技能実習や特定技能で働く若いベトナム人労働者の日本への入国は実に目覚ましい。法務省の統計によれば、2023年6月末時点で日本に在住するベトナム人の数は約52万人（中国人79万人に次ぎ国籍別第2位）、このうち技能実習生と特定技能に限ればそれぞれ19万人、10万人でダントツの第1位である。留学生も近年減少傾向にあるとはいえ、なお4万人ほどいる。旅行者の数もコロナ禍の悪影響が解消されるに伴い再び増え続けるだろう。2023年には、ベトナムから日本を訪れる者と日本からベトナムへ旅行する者の数が共に60万人近い規模になっている。

他方、問題もある。ベトナム人労働者の失踪と不法就労、そして犯罪の多発である。法務省の統計によれば2023年7月1日時点のベトナム人不法残留者数は1万6812人(同年1月比22・6%増)で国籍別第1位である。この背景には日本における受入れ・労働環境の劣悪さや技能実習制度における転職制限(原則禁止)の仕組み、訪日前の借金問題などがあると言われる。犯罪は窃盗(万引き)が大半で凶悪な事件は少なく、失踪・不法就労の状況も日本と同じくベトナム人労働者を多く受け入れている台湾や韓国に比べればまだまだ少ない。また、技能実習生の場合、ベトナムに帰国した後に日本で習得した技術を活かせる職場が少ないことや、仮にそうした企業に就職できても日本での就労経験を考慮しない給与体系、そもそも給与水準が技能実習生時代より依然として大幅に低いことなどから定着しない(すぐ辞めてしまう)という問題がある。地方の中小企業における人手不足は深刻である。これを解消する一助とするためにもベトナム人労働者の受入れ環境を多角的な視点から早急かつ抜本的に改善する必要がある。2023~24年にかけて厚生労働省を中心に大幅な制度改革の議論がおこなわれており、その成果に期待したい。

「アニオー姫」の創作オペラ

最後に「アニオー姫」のことに一言触れたい。「アニオー姫」とは17世紀のはじめ、朱印船貿易が盛んだった時代に長崎の豪商・荒木宗太郎と結婚したベトナム中部の王族・阮氏のゴック・ホア姫のことである。当時、ベトナム中部のダナンやホイアンといった港町に「交趾日本人町」と呼ばれた日本商人の居留地が存在した。荒木宗太郎は商取引のためにこうした日本人町に出入りしていた商人である。言い伝えによれば二人は偶然の出会いから恋仲になり結婚して長崎に居住したという。事実、長崎の大音寺には二人の墓があり、地元の博物館にはアニオー姫の所持品であったという手鏡が展示されている。私は2010年に長崎を訪れて二人の墓と博物館を参観したことがある。「アニオー姫」の呼び名は地元の人々がつけた愛称であり、彼女が宗太郎のことをベトナム語で〝アイン・オーイ〟(「(愛する)あなた」ほどの意)と呼んでいたことからきているらしい。幕府の鎖国令のため「アニオー姫」は二度と祖国に帰ること叶わず1645年に長崎で没している。この荒木宗太郎と「アニオー姫」の逸話は日越友好のシンボルとして今も語り継がれている。

2023年11月、日越外交関係樹立50周年記念行事のひとつとして、東京で創作オペラ『アニオー姫』が上演された。これに先立つ9月にはハノイで3回にわたり上演されている。

演奏したのはＶＮＳＯ（ベトナム国立交響楽団）で、指揮者は日本人の本名徹次氏である。本名氏はすでに20年近くにわたってベトナムに在住し、同交響楽団の常任指揮者を務めている。「アニオー姫」の現代における逆バージョンといえるかもしれない。

第9章

カウティリヤの国家戦略論とインド外交

インドの首都ニューデリーの中心部にチャーナキャプリと呼ばれる由緒ある街区がある。そこを南北に走るシャンティパット通りは片側が4車線、花壇で彩られた中央分離帯はさらに幅が広く、北側の突き当りに茶褐色をした大統領官邸や国会議事堂の大建築物が威容を誇っている。インド有数の堂々たる大通りである。近代建築様式の日本大使館は他の主要国大使館とともにこの通りに面しており、30年前の新築時には観光バスが入口ゲート前に停止して外から見学するツアー・ルートができたほどの立派な建物である。私が若き書記官としてニューデリーに在勤した当時は新築前で古色蒼然とした大使館の時代であったが、チャーナキャプリ地区にあるというだけで誇らしい気分になったことを想い出す。

なぜ、今、唐突にこうした昔ばなしをするかというと、この街区の名前の元となっているチャーナキャという紀元前のインド人戦略家が近年にわかに国際政治学者たちの間で再注目され、インド外交を分析する上で彼の説いた理論を理解することが不可欠とされるようになっているからである。チャーナキャは本名をカウティリヤといい、紀元前4世紀後半にインドを統一したマウリヤ朝のチャンドラグプタ王（アショーカ王の祖父）に宰相として仕えた人物である。「インドのマキャベリ」と称され、彼の手によるとされる『アルタシャーストラ（実利論）』という書物は世界で初めて書かれた現実主義に基づく国家戦略論といわれている。

彼の国家戦略論の基本は国益を道義的価値観に優先させ「目的のためには手段を択ばず」というプラグマティズムである。目的が正しいのであればそれを達成する手段はそれが何であれ（たとえ謀略・策略でさえ）許されると主張する。「敵の敵は味方」という考え（マンダラ外交論）も基本中の基本である。カウティリヤはこうした「国益第一主義」を貫くことで、インド最初の統一王朝の成立に道を拓いた。中国の戦国時代末期に秦の始皇帝が初めて中国全土の統一を成し遂げたのは紀元前3世紀末であるから、カウティリヤが活躍したのはそれより百年以上前になる。今、国際政治学者や外交理論家の多くがカウティリヤの国家戦略論に着目して現代のインド外交を理解・分析しようとするのはなぜか。本章ではインドを取り巻く国際情勢の変化とインド外交の方向性をカウティリヤ理論を視野に入れつつ論じてみたい。

ネルーの理想主義が残した正負の遺産

インドが大英帝国の支配を脱して独立を達成したのは1947年である。初代の首相となったジャヤハルラル・ネルーは理想主義の人であった。国際紛争の平和的な解決を信奉し、国連の役割を重視した。国内でもヒンズー教徒とイスラム教徒が相和して共存する超宗教的な政治を追求した。かつてムガール帝国の第3代皇帝アクバル大帝が「信教の自由」

をもとにヒンズー教徒の抵抗を抑え国内を安定させることで帝国の全盛期を築いた史実に倣ったかのようである。しかし、アクバル大帝は軍事的にインド亜大陸全土を征服した専制君主でもあり、ネルー首相の理想主義に不審を抱いたイスラム教徒の多くが分離独立を求め、パキスタンを建国するに至った。ネルー首相にとっては痛恨の極みであったろう。加えて、北西端のカシミール地方でパキスタンとの領有権をめぐる争いが起こり戦争に至ったことで、彼の平和主義は試練に立たされた。武力で圧倒的に優位であったにも拘わらず、あえて国連に仲介を求めて停戦し、国連監視の下での分割統治を受け入れた。このことが結果として今日まで続く「カシミール問題」という負の遺産に繋がったとみるインド専門家は多い。

また、ネルー首相はインド北東部における中国との国境問題でも共産革命を成功させた中国の「平和外交」なるものを信じ、米ソ冷戦の中いずれの陣営にも与しない非同盟路線を印中連携して主導した。彼は中国が国境を越えて武力侵攻してくる日が来ようとは夢にも思わず防備を怠った。しかし、1962年、人民解放軍が大規模に侵攻し、弱体なインド軍は一方的に敗北した。中国との緩衝地帯になると期待していたダライラマのチベットはいつの間にか共産中国の支配するところとなり、その一地方になっていた。理想主義のツケは実に重かったといわざるをえない。

古代インドの『マヌ法典』では正義に叶った生き方や善行を「法（ダルマ）」と呼ぶ。これに対して道義と関連しない実利や国益が「アルタ」である。先述の通り、カウティリヤは「アルタ」を「ダルマ」に優先させ、目的が正しければ手段の善悪は問われないと主張したが、「ダルマ」を優先させる考え方に立てば、手段が正しくなければ目的も正しくなくなる。ネルー首相の理想主義は正にこの後者の立場を代表するものであり、道義的には誠に立派ではあるが、弱肉強食極まる厳しい国際関係の中にあっては実害の方が大きかったのではないか。

「パキスタン問題」という宿痾

インド独立の際にパキスタンと分離し、カシミール問題を未解決のままに残したことはインド外交の宿痾となった。カシミールでは藩王がヒンズー教徒でインドへの帰属を望んだものの住民の多くがイスラム教徒だったためにパキスタンが領有を強く主張し武力衝突の事態となった。第一次印パ戦争（１９４７年）がそれである。国連による仲介によって停戦が実現したもののカシミールは二分され、武力衝突が再燃するリスクは残された。特にインド側が実効支配した南半分（ジャンムー・カシミール州）では少数のヒンズー教徒と多数のイスラム教徒との間のいざこざが続いたためにイスラム教徒側に同情を寄せ、これを支援しようとするパキスタン政府軍（非正規軍を含む）による軍事介入と過激派による越境テロ事案が絶えることはなかった。カシミール州内にも若手イスラム教徒による分離・独立主義の武闘勢力が台頭し事態を複雑化させた。

印パ間の武力衝突は第2次（1965年）および第3次（1971年）の戦争後も続いている。1999年にはカルギル紛争（パキスタン政府軍による越境・インド軍駐屯地占領事件）、2001年にはインド議会議事堂襲撃事件、2002年にはカルチャック問題（インド陸軍駐屯地襲撃事件）などが続発、また2019年にはプルワマ事件（インド軍車列襲撃）をきっかけに両国空軍が相互に空爆し合う事案が生じている。また、この間、パキスタンのイスラム過激派による大規模テロも何度が発生し、その都度、両国関係が極度に緊張した。特に、174人の犠牲者（日本人1名を含む）を出した2008年のムンバイ同時多発テロ事件は衝撃的で、いまだ記憶に新しい（注：2018年の米印豪合作映画『ホテル・ムンバイ』はこの時のタージマハール・ホテル内の惨状を生々しく描いた傑作である）。

こうした事態にしびれを切らしたインドのモディ首相は2019年にカシミール州をジャンムー・カシミールとラダックに2分割、連邦直轄領にした。治安対策を強化しようという狙いである。インドの歴代政権は折々にパキスタンとの対話を試みたがその都度テロ事件が発生して中断を繰り返した。中東のパレスチナ紛争がそうであるように小石をコツコツと積み上げるような地道な和平努力は一発の銃声で一瞬にして瓦解してしまうのである。時の政権としてこれに厳しく対応しなければ野党・国民から「弱腰」の誹りを受ける。結局のところ、モディ政権によるカシミールの連邦直轄領化もテロ事件の防止策にはならず、この問題は永遠に解決しないようにみえる。

もっともインドにとってカシミール問題が永遠に解決しないとしても痛痒《つうよう》を感じていないかもしれない。「現状維持」で差支えなく、パキスタンを悪者にしておけば国際世論の支持も得られる。かつては南アジアの盟主たらんと志し、パキスタンとの対立がこれを阻害していると考えられてきたが、今や、南アジアを飛び越えて世界のリーダーになる道も開かれている。また、印パ両国が核を保有している現状にあっては本格的な武力行使によってカシミールを完全領有する可能性はなくなり、核戦争回避に対する国際社会の圧力も強い。

もうひとつ、カシミール問題に向き合うインドにとって重要なことはインドがセキュラリズム（政教分離の世俗主義）の多宗教国家であり国内に14パーセント以上もいるイスラム教徒の感情をいたずらに刺激しないことが国内の政情安定に不可欠という特殊事情である。カシミールの多数住民がイスラム教徒であるという理由で領有権を諦めることも同じ理由であり得ない選択である。ただ、インドにとって困るのはカシミール問題をめぐってパキスタンと中国が接近していることである。このことを次項で考えてみたい。

高まる中国の脅威と経済依存

インド独立後の対中関係ほど短期間に大きな変動をみた二国間関係も珍しい。1950年代のはじめ、早々に中華人民共和国を承認して外交関係を樹立したインドは1954年にネルー首相が訪中して「兄弟関係」を樹立し、共に力を合わせて第三世界をけん引していくことを確認した。その成果は翌1955年のバンドン会議開催につながり「非同盟運動」へと発展した。ネルー外交の絶頂期であり、中国の周恩来首相との間に深い信頼関係を確立したかにみえた。

しかし、この印中蜜月関係は長くは続かなかった。そのきっかけはチベット問題である。中国は共産革命成功後に「チベットを平和解放する」として人民解放軍を侵攻させ、ダライラマ14世に自治権と信仰の自由を保障することで中国の領有地となることを受け入れさせた。今でいう「一国二制度」の導入であるが、この約束は次第に形骸化し、1959年にラサで大規模な騒乱が発生する事態となった。身の危険を感じたダライラマはインドに亡命、インド最北東部のダラムサラに亡命政府を開いた。これに怒った人民解放軍はインド国境に迫り、1914年にイギリスとチベットの間で結ばれた国境線（いわゆる「マクマホン・ライン」）を越えた軍事的な威嚇を断行し、ついに1962年に大規模な軍事衝突（中印戦争）に発展する。

この戦争でインド軍は大敗したが、それ以上にこれはネルーの理想主義外交の敗北と捉えられた。これをひとつの契機にインドの外交は今日まで続く現実主義重視、カウティリヤ理論風にいえば「ダルマ」から「アルタ」への転換を図ることになるのである。これを積極的に推進したのはネルーの娘であるインディラ・ガンディー首相であり、その柱はソ連接近、軍事力強化、核武装である。特に米ソ冷戦のさなかにソ連に接近したことは非同盟路線の実質的な放棄を意味した。中国との対立は1969年にソ連と中国が東部国境のウスリー島で軍事衝突したことでさらに激化し、インド北西端のカシミール地方でも軍事的な緊張が発生するようになった（注：同地でインドと対立するパキスタンは中国を紛争に巻き込むために自国が実効支配するアクサイチンを中国に自主割譲していた）。

しかし、悪化の一途をたどった印中関係もインディラ・ガンディー首相の死去後に首相に就任した息子のラジーブ・ガンディー首相の時代（在位1984－89年）、特に1988年の同首相訪中後に多少の改善をみる。背景にあったのは依存度を強めていたソ連の国家体制が弱体化の兆しをみせていたことと、それまでの保護主義的な計画経済政策から自由化政策への転換にあたって急発展する中国経済との関係強化が不可欠と考えられたことであろう（注：政策転換が実現するのはデフォルト危機を経て誕生したナラシンハ・ラオ首相時代の１９９１年）。この頃からインド外交には現実主義に加えて実利主義の傾向が顕著に見られるようになる。

21世紀に入るとインドは１９９８年の核実験で悪化した欧米諸国との関係改善に努める一方、これと併行してＢＲＩＣＳ（新興・発展途上の主要５ヵ国の集まり）やＳＣＯ（上海協力機構）のメンバーとしてロシアや中国との協力関係も維持する自主独立外交（戦略的自立重視）を展開する。しかし、この流れを変えたのはまたしてもパキスタン、中国との国境紛争の激化（特に２０２０年にラダックのガルワン渓谷で発生した印中武力衝突）であり、中国が習近平時代に入るとその「一帯一路」路線をめぐっても地政学的な緊張が生じるようになる。中国がパキスタンやミャンマーに経済回廊を建設してインド洋への出口を開き、スリランカやタンザニアで港湾開発を進めるようになるとインド洋での覇権争奪の様相を呈し始め、モディ政権下のインドは新たな安保戦略として日米豪と連携する「ＱＵＡＤ（クアッド）」に身を寄せるようになる。このことについては後述することにしたい。

対ロシア関係は武器とエネルギーと原子力

インドが旧ソ連との関係強化に踏み出したのは、前項で述べた通り、１９６２年の中印国境における武力衝突が契機になっているが、本格化しだすのは１９７１年の印ソ平和友好条約の締結以降である。この条約の第９条には「いずれか一方が攻撃ないし脅威にさらされた場合、締約国はそうした脅威を取り除き、平和と安全の確保のために適切で効果的な措置を講じるべく、ただちに協議を行う」との規定があり、事実上の印ソ軍事同盟の発足となった。インドは軍事力強化にあたって積極的にソ連製の武器を購入、今でもインド軍の保有兵器の約60％を占めている（その大半はだいぶ老朽化しているが）。兵器の輸入はロシア時代になってからも大量に続いているが、その割合はかつての80％台から直近５年（２０１８〜２０２２年）は45％にまで漸減し、フランスをはじめ米国やイスラエルからも積極的に武器を調達するなど輸入先の多様化が図られつつある。

もうひとつ、ロシアとの関係で注目すべきはエネルギー資源（原油・天然ガス）の輸入であり、このことは２０２２年のウクライナ戦争勃発を受けた欧米諸国等による対ロ経済制裁の中で制裁不参加のインドがその「抜け穴」になっているのではないかと国際的な関心を集めることになった。事実、従来のインドによる原油・石油製品の輸入は専らイラク、サウジアラビア、アラブ首長国連邦（ＵＡＥ）などの中東諸国に頼っていた（全体の70％強）が、２０２２年にはロシアからの輸入額が対前年比９・１倍（数量ベースでも６・９倍）と急増している。インドは輸入した原油を精製してネパール、バングラデシュやシンガポールなどに輸出するビジネス・モデルを確立しているが、これがロシアによる制裁逃れの迂回輸出ルートになっているのではないかとの批判も出ている。しかし、もともと有力な輸出品のないインドにとって石油製品は最大の輸出品（２０２２年に９４９億ドルで全輸出額の21％を占める）になっており、毎年巨額の貿易赤字（２０２２年は２６７０億ドル）を記録しているインドにとってロシアからの格安な原油輸入は実利主義からして当然ということになる。

さらに、もうひとつ重要なのは原子力発電分野での印ロ協力である。インドにはすでに30基ほどの原発があり、それらの建設を担ったのは国内企業であるが旧ソ連時代からの技術支援があって初めて可能だったことである。ただ、原子力発電による電力供給は全体の３％程度で膨大な需要を満たすには十分ではない。現在のモディ政権は国際的な地球温暖化対策強化の流れのなかで電力分野での脱炭素化を目指す方向を打ち出しており、２０３１年までに外資を導入しつつさらに21基の原発の建設を計画している。これにいち早く呼応したのがロシアでインド南東部のタミールナド州クダンクラムでロシア企業（ロスアトム）

が４基の大型原発（各１００万ＫＷ級）の建設を受注し建設中である。この分野でのロシアの存在感は大きい（米国や英国、日本なども受注を目指し、すでに原子力協力協定を締結済みであるが条件面での折り合いが難しくいまだ実現に至っていない）。

なお、インドはダイヤモンドの原石をロシアから輸入しこれを研磨して輸出するビジネスも展開している。これも対ロ制裁が強化される中にあっては迂回輸出ルートのひとつになっているといえるかもしれない。

ソ連邦の崩壊がもたらした印米接近

１９６２年に印中間の国境武力衝突で大敗したインドがそれまでの非同盟路線を放棄してソ連に接近、事実上の同盟関係を結ぶに至ったことは先述した。その一方でソ連と冷戦のさなかにあった米国は中ソ関係が悪化する状況を見極めて中国に接触、国交樹立に向けて動き出す。１９７０年代は米中ソ印４か国の大国関係が大転換した時代で、これによって米中対ソ印という新たな対立構図が生まれた。印米関係に限ればインドによる核保有化の動きに対して米国が経済制裁を課したことで両国関係は一段と悪化した。

しかし、１９８０年代後半に入ると国際政治は再び大転換する。ソ連邦の弱体化と中国の国力増強で中ソ間の力のバランスが崩れ、ソ連頼みのインドの安全保障政策も見直しを迫られる事態となった。そうした中でインドが選択したのは自ら核保有する道であるが、インドに対峙するパキスタンもこれに対抗するように核実験を成功させ両国が国境紛争の果てに核戦争を引き起こすリスクを生むことにもなった。これに危機感を募らせた米国はインドとの核対話に踏み切ったが、このことが1990年代の末に両国の急接近を招くという「怪奇現象」を生じさせた。十数回におよんだタルボット米国務副長官とジャスワント・シン外相の会談は両国間における初めての本格的な対話であり、これによって冷え切っていた関係に温かい血が通うことになったのである。

ソ連邦の崩壊で頼るべき同盟国を失ったインドと、軍事力を強大化する中国への警戒感を持ち始めた米国が相互の立場に理解を深めたことがこの転機をもたらした。その象徴となったのが2000年3月のクリントン大統領訪印である。反米感情が強いといわれていたインドで「クリントン・フィーバー」（NYタイムズ紙報道）が巻き起こったことは世界を驚かせた。この後、米国が核実験を強く非難したインドに対してNPT（核拡散防止条約）体制を踏み外してまで原子力協力の方向に走り、2005年のマンモハン・シン首相の訪米時に原子力合意を発表したことはさらに驚きであった。

その2年後には米印原子力協定が締結されている。こうした「君子豹変」ともいうべき米国の対印政策の転換の背景には原発ビジネスをめぐるライバル国（ロシアや英仏）

との競争があったとの指摘がある。確かにそうした側面があったことは否めないが、それ以上に安全保障面で米国の対中観が大きく変化し始めていたことを示すものであろう。2023年6月、米印関係はオースティン米国防長官の訪印とこれに続くモディ首相の米国公式訪問（国賓）で安全保障面での連携（特に防衛産業協力）をさらに強化しようとしている。かつての米中対ソ印の対立構図は米印両国が接近する中で今や米印対中ソの方向に大きく変化しようとしている。

なお、こうした米国の動きに連動するように日本の対印外交も大きな転換を見せた。戦後の日本では非暴力運動で独立を勝ち取ったマハトマ・ガンジーや理想主義者であったネルー首相への共感、あるいは東京裁判におけるパール判事の深い対日理解に感銘してインドに対する独自の親近感が芽生えていた。しかし、広島・長崎での被爆体験から核実験を行い核保有に走る「もうひとつのインド」への幻滅も強く、印ソ接近の外交姿勢と相まって1980年代後半には日印関係はかなり冷めた状況にあった（私がインドに在勤したのはこの頃である）。こうした中で2000年4月に実現した森総理の訪印（日印グローバル・パートナーシップの構築で合意）は重要な転換点となった。これは先述した同年3月のクリントン訪印のわずか1ヵ月後に行われたものであり、2005年には小泉総理が訪印、翌06年にマンモハン・シン首相が訪日して両国首相の年次相互訪問へと道を拓いている。

2007年、次項で述べる安倍総理の歴史的訪印が実現するのはこうした日印関係回復の流れを踏まえた上でのものである。

インドの考える「インド太平洋」概念

安倍総理が提唱し、トランプ大統領時代の米国が戦略化した「インド太平洋」という新しい地域概念は今や国際政治における重要な地政学的概念として確立している。ASEANも「インド太平洋アウトルック（AOIP）」なる政策方針を打ち出しており、英国やEU諸国、NATOも過去4年ほどの間に相次いで「インド太平洋」に関わる外交・安保方針を発表している。2007年8月、インドを公式訪問した安倍総理がインド国会の上下両院合同会議で「2つの海の交わり」と題する歴史的演説を行ってからすでに16年余、今や「自由で開かれたインド太平洋」のフレーズはこの地域で開催される首脳・閣僚レベルの国際会議で採択される合意文書でほぼ必ず登場する常套コンセプトとなった。私は外務報道官として安倍総理のインド訪問に随行したが、この時の演説が短期間のうちにかくも大きな戦略的地域概念に成長・発展するとは想像していなかった。

ただ、国際政治上、「自由で開かれたインド太平洋」（FOIP）の概念が初めて公式に発表されたのは安倍総理がケニアで開催されたアフリカ開発会議（TICAD）で行った

2016年8月の演説とされる。翌2017年11月にはトランプ米大統領がベトナムのダナンで開催されたアジア太平洋経済協力（APEC）首脳会議の場でFOIPを米国の新たな安全保障ビジョンとして表明し、国際的に注目されることになった。インドもこれらに呼応するように2018年6月にシンガポールで開催されたシャングリラ戦略対話で基調演説を行ったモディ首相がインド太平洋に対するインドのビジョンとして「自由で、開かれ、包摂的な地域」を支持すると表明した（注：ここで「包摂的な」という文言をFOIP概念に加えたのは特定国（中国）を排除するものではないというインドらしい外交理念に基づくものであろう）。

そしてこうしたFOIP概念の定着とともに日米豪印4ヵ国によるいわゆる『QUAD（クアッド）』も本格始動する。『QUAD』の首脳会議（オンライン形式だが）が初めて開催されたのは2021年3月のことである。それまで局長級や外相レベルでの4ヵ国会合が何度か開催され、また日米印や日米豪、日豪印といった3ヵ国の対話枠組みを段階的・重層的に構築する形で慎重に地ならしが行われた。この「慎重さ」の背景にあったのがインドの参加を確実にするための特別の配慮である。戦略的自律や自主独立外交にこだわるインドは特定の同盟的枠組みに加わることには極めて警戒的である。ましてやそれが「中国包囲網」と受け取られかねない『QUAD』となると中国を過度に刺激するのではないかとの懸念もある。ＦＯＩＰに「包摂的な」の文言を追加した先述のモディ首相演説はそのあらわれである。

また、これに先立つ２０１７年の安倍総理訪印時の共同声明のタイトルを「自由で開かれ、繁栄したインド太平洋に向けて」とし、「繁栄した」との文言を加えたのもインド太平洋構想は軍事的な連合ではなく経済的な連携を目指すものだと内外に説明したいインドの立場を反映したものであろう（２０２３年5月には対面形式での『ＱＵＡＤ』首脳会議が豪州で開催予定であったがバイデン米大統領の都合で中止になり、これに代わってＧ７広島サミットの機会に短時間開催されるにとどまったのは残念であった。ただ、サプライチェーン網の再整備など経済安全保障分野での協力が強化される方向性が示されたのは有意義であった）。

もうひとつ、興味深いのは、インドが米国の提案を受けてアラブ首長国連邦、イスラエルとともに２０２１年に打ち出した4ヵ国の協議枠組みも『ＱＵＡＤ』（いわゆる「Ｉ２Ｕ２」）と呼んでいることである。つまり、インドにとって、日米豪印の『ＱＵＡＤ』は何ら特定の戦略的意図から出たものではなく、単に「4か国枠組み」を意味する外交上の一般的呼称にしたいとの思惑があるのであろう。複雑な国内事情と独自の対外関係を抱えるモディ首相の心もまた複雑なのである。日本は『ＱＵＡＤ』へのインドの参加を既成事実と捉えることなく「着実、しかし慎重に」この連携・協調関係を発展させなければならない。

超大国化を目指す「目覚めた巨象」

２０２３年４月、国連人口基金（ＵＮＦＰＡ）がインドの人口が同年半ばに中国を抜いて世界最多になるとの世界人口推計を公表した。大方の予想よりは数年早い「世界一」だが、肝心のインド国内ではこの事実はあまり大きく報道されなかった。特にめでたいことでもなく、むしろ世界最多の人口を経済的にどう養っていくのかという負担感の方が強いのかもしれない。

インド経済は１９８０年代末にデフォルトの危機に直面し、そこから「経済自由化路線」に転換した（１９９１年）。先に述べたインドの対米接近の背景にあったもうひとつの理由である。日本との関係を重視する新たな方向性も同じ背景から出たものであり、従来受け入れに慎重であった日本のＯＤＡ（特に円借款）を大型インフラの整備に積極活用する方針も打ち出され、日印新時代を象徴するビッグ・プロジェクトが次々と実施に移されている。しかし、独立後長く続いた国内産業や農業の保護政策からの脱皮は容易ではなく、規制の厳しさから外国資本による投資も思い通りには進まなかった。この間、外資の積極導入に成功し「世界の工場」になった中国との発展格差は歴然とし、このことが経済・外交面での対外影響力の格差をもたらし、安全保障面にまで暗い影を落とす状況になっている。

こうした負のサイクルを打破すべくモディ首相が打ち出したのが「グローバルサウス」の構想（キャンペーン？）であり、インドがその盟主になることで国際的な影響力の拡大を図ろうという狙いが看取される。2023年1月にモディ首相の呼びかけで最初のサミット（オンライン）が開催され、125の発展途上国が参加（中国は不参加）しているからまずは順調な滑り出しだ。今、アジアはもとよりアフリカや中南米の発展途上国における中国の影響力は絶大であり、かつて非同盟運動を主導していた頃のインドの存在感は大きく失われた。「グローバルサウス」はいまだ目的・理念が茫漠とした集まり（注：2023年5月24日付日経新聞朝刊は「価値より実利の多数派」と表現している）だが、世界一の人口大国になったインドだからこその指導力を発揮し、中国への過度の依存に懸念を持ち始めている多くの発展途上国に新たな集合ビジョンを提示することができればその意義は小さくない。欧米先進国としてもインド主導のこうした動きを基本的に歓迎すべきであろう。

インドにとって中国の「一帯一路」による南アジア・インド洋への急激な勢力展開も悩ましいところである。ある面では「インド包囲網」の様相を呈しており、これに対抗するためにもインドとしては「インド太平洋」の概念をできるだけ広域化（北はロシア、東は中南米まで含む）し、協力関係を強化する枠組みは重要なのである。モディ首相が「アクト・イースト」政策によってASEAN諸国やバングラデシュ、ミャンマーとの関係強化を図ろうとするのも同じ狙いであろう。インドには中国のシルクロードに対抗して（？）、「コットンロード」なる戦略を打ち出そうとする政策もある。イランやアフガニスタンを経由して中央アジアに至るかつての綿取引ルートを拠りどころとする涙ぐましい（？）構想である。日本としてもこれをただ傍観するのではなく「眠れる巨象」の目覚めを後押ししたい。

私は本章の冒頭でカウティリヤの国家戦略論に触れた。現在のインド外交を理解するためには「敵対する隣国と対峙するためにはその向こう側にある国を味方とすべし。その他の隣国とは中間国・中立国として友好を図るべし」との戦略理念に照らし合わせて考えることが有用である。ロシアや日本もインドにとっては「中国の向こう側の国」なのである。近年、インドの外交専門家の間で盛んにカウティリヤが論じられるのはそれだけ中国との関係が厳しくなっているからであろう。

今、2300年以上も昔の戦略家の理念が引き合いに出されるのは如何にもインド的ではある。カウティリヤは徹底した現実主義、実利主義も説いており、現在のインド外交においては折に触れそうした面が露骨に顔を出す。インドはなかなか一筋縄ではいかない国ではあるが、それも含めて友好を深めるべき国であるには違いない。インドが超大国になるには国の内外に克服すべき課題が多いが、そうなることを期待させる潜在性だけは十分にあるように思える。「人口世界一」はその第一歩である。ただ、自国利益優先のカウティリヤ的実利主義に執着すれば超大国化への夢からは逆に遠ざかることにならないかとの疑問は残る。「目覚めた巨象」が再び眠りにつかないことを祈るばかりである。

第10章

インドのナショナリズムとヒンドゥー教至上主義

インドのムンバイ沖合の人工島に高さが何と210メートルを超える武人の騎馬像が建造されようとしている。この巨大像の正体は17世紀インド西部にマラーター王国を築いたシバージーという実在の人物である。シバージーは敬虔なヒンドゥー教徒で、前の世紀からインドを支配していたムガール帝国に戦いを挑む一方、大英帝国が背後に控える東インド会社の商館への襲撃も繰り返した。正に反イスラムと反英運動のシンボル的人物である。

これまで世界最大の巨大像は中国河南省の盧山県にある「盧山大仏」と呼ばれる大日如来像（3段の台座を含めて全高208メートル）とされてきたが、インドにシバージー像が新たに完成すれば「中国超え」が実現することになる。もっとも、インドのグジャラート州には高さ182メートル（58メートルの台座を含めれば全高240メートル）のサンダール・パテル（インドの独立運動家）の立像があるから「中国超え」はすでに実現していたといえなくもない。

ここで私が問題にしたいのは巨大像の高さ比較ではない。巨費を投じて200メートル級の巨大像を相次いで建造するインド側の意図である。上記のサンダール・パテルとは1947年のインド独立時に「ヒンドゥー教国家」の建国を主張し世俗主義のネルー首相と激しく対立した政治家（副首相）である。このパテル像が立つグジャラート州はモディ現首相の地元であり、2018年の落成式には同首相自身が主賓として参列した。このことからパテル像の建立とヒンドゥー教至上主義者を支持基盤とするモディ首相との関係は密接不可分と見られている。先述のシバージー像といい今回のパテル像といい、いずれもヒンドゥー教と深い関わりを持つ人物であり、しかも大英帝国と戦った人物という共通点もある。この点でインド・ナショナリズムとも無関係ではないだろう。今、モディ政権下で高揚しつつあるヒンドゥー教至上主義とインド・ナショナリズムの背後に何があるのか、本章ではその歴史的経過を辿りつつインドの内政・外交に及ぼす意味合いを考えてみたい。

ヒンドゥー教とは何か　その誕生と発展の歴史

この問いに厳密に答えるのは専門家にも難しいようだ。私はこの疑問への答えを求めて10冊近い専門書・解説書を読み漁ったが、教義について一元論から多元論まで実に多様な解釈があるほか、宗教としての発展過程の説明もまちまちである。そうした諸説の中から私なりに有力な多数説と理解したものを以下に記す。

まず、紀元前1500年頃に中央アジアからアーリア人がインダス文明を駆逐しつつインド亜大陸に侵入してきた時に「ヴェーダの宗教」（太陽神や風神・雷神などの自然神を祀る祈祷・供儀中心の呪術的な原始宗教：日本にも仏教経典を通じ帝釈天や弁財天の存在、あるいは天空・水を支配する神を水天宮で祀る信仰などが伝わっている）を持ち込んだところから始まる。「ヴェーダ」とは聖典のことだが、まあ、遊牧民集団の中にいたシャーマン（祈祷師）が唱えたさまざまな呪文の集大成のようなものだろう。神々を礼賛し喜ばせるための詔のような詩文も含まれていたようだ。

やがて、紀元前10世紀頃になるとインド北西部（インダス川やガンジス川の上流地域）にいたアーリア人たちが肥沃な大地を求めてガンジス川の中流域に移動し、生活の基盤も遊牧から農耕に変化させて定住するようになる。そこでドラヴィダ系の人々（元々はインダス文明の担い手）や山岳に住む先住民たちとの交流が始まり、彼らの土着の信仰に徐々に影響され、崇拝の対象に自然神に加えて人格神が含まれるようになる。祭式も複雑化し口伝による伝承が必要になったことから専門的な僧侶（出家修行者）が生まれ、親から子に相続される家業集団となってバラモン（宗教エリート）層が誕生する。禁欲を重視し独特の入山修行を積む彼らは五穀豊穣や万病退散を祈り諸事の吉凶を占うことで王侯・貴族から多額の寄進・布施を受けるようになり、特権階級としての地位を確立する。「ヴェーダの宗教」と呼ばれたものが「バラモン教」へと発展したのはこのころのことと解釈されている。先住民らとの区別・差別意識も生まれカースト制度らしい社会構造が生まれたのも同時期であり、祭祀至上主義とカースト重視のバラモン教の誕生である。

しかし、紀元前8世紀頃になって都市が発達し国家らしいものが誕生するようになると、都市インテリ層の間には煩雑な祭式にこだわり、難解な祈祷文を唱謡したり物事の吉凶を占うだけで多額の報酬を得るバラモン的特権に対する不満が噴出するようになる。そこに登場するのが革新的な新思想であるウパニシャッド哲学である。この哲学は多くの文献からなるがそれらの基本は「梵我一如」（宇宙創造神であるブラフマンと自我たるアートマンの一体同一論）の教えを核とする高度の宗教理論である。ヴィシュヌ神とシヴァ神の二大神はブラフマンの下に位置付けられ、その他諸々の神々はすべてこの二大神の化身か別称とされた。

ウパニシャッドから生まれた輪廻の思想も人間の生前の営為の「業」とされ、悪行を行えばその生まれ変わりも惨めなものになる（因果応報、自業自得）。こうした輪廻の苦しみから逃れるためには禁欲・修行して「解脱」するしかない。ここに仏教やジャイナ教が誕生する素地が生まれる。この二大宗教はバラモン教に挑戦してその根幹をなすヴェーダ信仰とカースト制度を否定し、教団を築き寺院を建て多くの出家信徒を集めるようになる。紀元前5世紀頃のことである。両宗教ともに開祖は非アーリア人であり、ブッダはシャーキヤ族（シナ・チベット系の部族）の王族出身である。

仏教はインド最初の統一王朝であるマウリヤ朝のアショーカ王（紀元前3世紀）やインド北西部に勃興したクシャーナ朝のカニシカ王（2世紀）の篤い保護を受けて発展したの

だが、4世紀に復古主義のグプタ朝が起こると王族の信仰は国教となったバラモン教に移る。現生否定の宗教から現生肯定の祭式万能主義（タントリズム）への回帰である。その背景にはこの時代にそれまで口伝の形で語られていた「ラーマーヤナ」や「マハーバーラタ」（現生肯定の宗教物語）が文字化され二大叙事詩として完成したことの影響がある。仏教やジャイナ教はその財政基盤を富裕な商人からの布施・寄進に依存し、出家修行僧や都市部エリート層限定の宗教であったのに対し、バラモン教は国内各地に根付いていた土着の信仰を次々とその教理に取り込み、庶民にわかりやすい物語を伝えることで地方農村の隅々にまで布教することに成功した。全インド的な民族宗教としての地位がここで確立する。

さらに、イスラム教の影響が8世紀から12世紀にかけて徐々にインド亜大陸にまで及んでくるようになると、これを脅威と感じたバラモン教に宗教的な「地殻変動」が起こり、インド発祥の諸宗教がバラモン教に統一・吸収され、汎インド化する。ブッダもヴィシュヌ神の化身とされ、仏教の独自性も喪失して事実上インド亜大陸から消えていく。ここに現在に伝わるヒンドゥー教の基本的な形（バラモン教からの発展型）が完成するのである。

以上がヒンドゥー教誕生までの歴史をたどる通説であるが、インド人（の大半）にとってヒンドゥー教とは「宗教を超えた何か」、つまりインド文化そのもの（ヒンドゥートワ）

であり、その世界観・人生観の根幹を構成するもの、と捉えることもできる。つまり、ヒンドゥー教にまつわる難しい教理や哲学的思想は一般のインド人にはどうでも良いことであり、彼らにとってはヴィシュヌ神やシヴァ神といった主神（あるいはその化身）に祈りを捧げ、その恩寵に預かれれば良いのである。

イスラム教のインド伝搬

ムハンマドがサウジアラビア半島にヒジュラ（聖遷）教団国家を建国したのは西暦622年、その8年後には半島全体を統一した。インド亜大陸から見れば遥かかなたの出来事であったが、その後のイスラム勢力の東進は速く、8世紀のはじめにはウマイヤ朝の大軍が西インド（現在のパキスタン一帯）に押し寄せ殺戮と金銀財宝略奪の限りを尽くした。さらに、アフガニスタンにカズナ朝（962〜1186年）という最初のイスラム政権が誕生するとインド北西部パンジャブ地方に侵入する。彼らは時にインド北中部まで深く侵入し略奪を繰り返したが定住することはなく破壊と略奪をし尽くすとアフガニスタンの地に戻っていくのが常であった。ヒンドゥー教の寺院や仏教の僧院の多くがこの時に破壊されている。

ところが、13世紀はじめにゴール朝（1148〜1215年）のイスラム勢力は有力武将の一人、クトゥブッデイーン・アイバクが独立してガンジス川の中流域デリーの地に政権を打ち立て、インドで最初のイスラム王朝による支配が始まる。「奴隷王朝」がそれである。以後もトルコ系あるいはアフガン系の勢力の侵入が続き、16世紀のはじめまで5代にわたってイスラム諸王朝（いわゆる「デリー諸王朝」）の攻防が繰り返されるのである。彼らはヒンドゥー教徒に対してジズヤ（人頭税）を課し、時にはその宗教施設を破壊したりしたが、イスラム教への改宗を強要することはなかったようである。また、その支配領域も当初こそおおむねインド北部に限定されていたものの、次第に南インドまで勢力を拡大し、ヒンドゥー諸王国との武力衝突が頻発するようになる。14世紀の半ばにはデカン高原にイラン系（シーア派）のバフマニー王国が建国され、イスラム文化が広く南アジア一帯を席巻するようになる。スンニ派のアラブ商人も頻繁に出入りするようになり東西交易の拠点が確立されるのもこの時代である。

さらに、こうした事情を激変させたのが16世紀はじめのムガール帝国の建国である。300年以上続くイスラム帝国で、インド亜大陸へのイスラム教・イスラム文化の普及・定着に決定的な影響を及ぼした。ただ、第3代皇帝のアクバル大帝はヒンドゥー教徒の王の娘を妃にし、非イスラム教徒へのジズヤ（人頭税）を廃止、地元民にイスラム教への改宗を強要することはなく、諸宗教に極めて寛大な政策をとるなど少なくとも宗教的には平和的な時代が彼の治世の50年間は続いたのである。第5代皇帝の皇太子であったダーラー・シコーなどは両宗教の融合共存の必要性を説いた著作『2つの海の交わり』を17世紀半ばに書き残している。状況が一変したのは第6代皇帝のアウラングゼーブ帝による徹底したイスラム（スンニ派）原理主義の時代（1658〜1707年）である。インド古来の諸宗教だけでなく、シーア派のイスラム教徒にまで弾圧を加えた。インドにおける本格的な宗教対立はこの時代から始まるのである。

ヒンドゥー教とイスラム教の共存と相克

上述のようにインド亜大陸におけるイスラム教の普及は必ずしも征服者による強圧的な手段で進められたものではなかった。特に南インドにはイスラム王朝の支配が直接に及んだわけではなく、ヒンドゥー教の諸王朝が隆盛を極めた時代も長く続いた。しかし、16世紀はじめにムガール帝国が誕生するとその威圧が次第に南下し、インド中部・デカン高原で反映していた国々も納税義務を受入れ、隷属関係を築かざるをえないようになる。

また、各地のヒンドゥー教徒もイスラム神秘主義者（スーフィー）の教えに共感し、自ら進んでイスラム教に改宗する者も少なくなかったようだ。その背景には8世紀頃からヒンドゥー教における新たな信仰形態として「バクティ」運動が南インドに起こり、これがベンガル地方を経て全インドに波及していた事情がある。「バクティ」は神の名を一心に唱えることで解脱に至るという、神に対する献身的な拝礼と絶対的な帰依を特徴とするものだが、こうした特徴は禁欲と出家修行によってアッラーの神への絶対的帰依を解くイスラム神秘主義と共鳴し合うところが多かった。南インドのヒンドゥー教を信奉する各国王の中からも自らをスルタンと名乗りイスラム教と共存する道を選ぶ者が出てきたという。

こうした「共存時代」を激変させたのが、先述したムガール帝国第6代皇帝のアウラングゼーブ帝である。彼のイスラム原理主義支配（ヒンドゥー教の禁止）への抵抗運動がインド各地に発生するようになり、その筆頭に立ったのがインド南西部に勃興したマラーター王国である。本章の冒頭でシバージーの巨大騎馬像がムンバイ沖合において建立の途上にあることを紹介したが、このシバージーこそヒンドゥー教の諸王国を纏めてマラーター王国を建国（1674年）した英雄である。彼は敬虔なヒンドゥー教徒であり、ムガール帝国に徹底抗戦を挑んだ。こうした抵抗運動にはラージプート諸勢力（9～12世紀に西インドにおいて諸王朝を建てた中央アジアからの侵入勢力やカースト外の山地の部族民。その後平地に定着してヒンドゥー教を信奉するようになるが19世紀に至るまで騎士層に属することを自称して独自の存在を保っていた）が呼応したほか、北西部パンジャブ地方で一大勢力となっていたシーク教徒の一団も加わってムガール帝国を苦しめ帝国衰亡の契機をつくることになる。

　1857年、ムガール帝国が崩壊し大英帝国（国王）によるインド直接統治が始まると、ヒンドゥー教徒とイスラム教徒の関係は一般信者レベル、相互の共同体住民間において悪化するようになる。その背景に分割統治を目的としたイギリスの宗教分断政策がある。特に、1905年のベンガル分割令はヒンドゥー教徒とイスラム教徒の居住区を東西2つに分け独立運動における両教徒の結束を阻止する目的を持った露骨な分断策であり、ヒンドゥー教徒の強い反発を招いた。ベンガル州全体ではヒンドゥー教徒が多数を占めるが、東西に分割された結果、東ベンガル州では同教徒が少数派に転じ差別を受けるというのが反発の理由である。これに対し、イギリス側はイスラム教徒の政治組織「全インド・ムスリム連盟」の発足を後押ししてイスラム教徒を優遇し、独立運動の分断を図ったためインド国内は騒乱状態に陥った。この騒乱は1947年の印パ分離独立では収まらず、ある意味で今日まで続くヒンドゥー教徒とイスラム教徒の対立、両宗教の相克へとつながっているのである。

大英帝国のインド支配が残した負の遺産

　大英帝国によるインド分割統治はインド社会に多くの負の遺産を残すことになった。その最悪の事例が上述したヒンドゥー教徒とイスラム教徒の対立であるが、この他にも藩王（マハラジャ）などカースト上位層と結託して下位層の不満・反発を抑え込もうとしたり、特定の民族と連携してこれと対立する別の民族を抑圧しようとしたりした。また、経済的にも特定の利益集団に便益を供与することで広範な搾取へのインド国民の反発を転嫁したし、軍事面でもイギリス側に協力するインド人兵士を優遇することでインド人どうしが対立するような構造も構築している。インド人エリート層に対する親英教育やキリスト教への転向支援などにも力を注ぎ、少数による多数の支配という植民地主義の確立に努めた事実も忘れるわけにはいかない。

こうした大英帝国による過酷なインド支配の歴史は今でもインド人の間に西欧不信の根を残しているように思われる。先述したマラーター王国のシバージーはムガール帝国に対してだけではなく、東インド会社の商館への襲撃も繰り返しており、初期における反英運動の指導者という位置付けもできる。20世紀のはじめ、マハラーシュトラ州を拠点に過激な反英独立運動を展開したティラクはしばしば「シバージー祭り」を組織してヒンドゥー教徒の団結と大英帝国への抵抗を呼び掛けているがこれも相応の歴史的背景があったからである。

もうひとつ、反英武力闘争に関連して、ジャーンシー藩王国の王妃ラクシュミーバーイーの存在を忘れることはできない。「失権の原則」（保護下にある王家に嗣子がない時は養子縁組による継承を許さず王家は断絶して英領になる制度）によってジャーンシー藩王国（デリー南東部360kmほどに位置する）の断絶を宣告された王妃ラクシュミーバーイーは城の接収時にこれを拒否し「我がジャーンシーは決して放棄しない」と叫んで徹底抗戦の道を選んだのである。時あたかも「インド大反乱」（セポイの大乱）が勃発しようとしていた状況下で彼女は反乱の指導者の一人に推戴され籠城戦に挑んだが、多勢に無勢、兵器に勝るイギリス軍の猛攻を受けて戦死した。享年23歳だったという。近年、インドではラクシュミーバーイーを主人公とする映画やTVドラマが次々と製作され、それぞれ大きな成功を収めている。彼女は常に悲劇のヒロイン（愛国者）であり、英国人将校らによる狡猾・残忍なインド支配の顛末が描かれることで、視聴者の「イギリス憎し」の感情が大いに刺激されているようだ。ラクシュミーバーイーは「インドのジャンヌ・ダルク」と呼ばれ、インド独立後その騎馬像が国内各地に建てられている。ちなみに、ラクシュミーとはヴィシュヌ神の妃神の名前である。

実はインドにはもう一人反英武力闘争の英雄とされる歴史上の人物がいる。18世紀末にデカン高原南部にあったマイソール王国を率いて4度イギリスと戦ったティプ・スルタンがその人である。父親の代からの英国植民地主義との戦い（いわゆる「マイソール戦争」）

は1767年から1799年まで断続的に30年以上続き「マイソールの虎」と畏れられたが、最後は武運に見放され英側の投降勧告を拒否してその居城で自刃して果てた。彼は世界的視野を持った啓蒙君主と評され、徹底的に英国と戦い続けた勇気からインド独立後はインド史上最も傑出した英雄の一人とされた。彼を主人公にしたTVドラマも大いに人気を博したという。しかし、ティプ・スルタンはその名の示すとおり敬虔なイスラム教徒であり、父親の代にヒンドゥー教を信奉していた王家から政権を奪取した経緯もあってモディ政権下の現代インドでは評価が落ちているようだ。ヒンディー教至上主義は歴史上の人物の評価にも影響している。

さて、話を元に戻す。大英帝国によるインド植民地統治の柱のひとつであった宗教分断政策は対英抵抗運動の力を削ぎ、独立勢力の弱体化を図るものであったが、1947年の印パ分離独立につながったという意味で最悪の負の遺産といえなくもない。また、先述したように、両宗教の分断目的で発足させた「全インド・ムスリム連盟」の活動はインド人エリート層で結成されていたインド国民会議派を刺激しただけでなく、1925年にはイスラム教徒組織に対抗するヒンドゥー教徒独自の独立運動組織として「民族義勇団（RSS）」の結成をもたらした。「民族義勇団」はヒンドゥー教復古主義の極右・ファシスト団体とされており、独立直後の1948年にマハトマ・ガンジーを暗殺した男もこの組織の運動員である。「民族義勇団」は現在も活発に活動を行っており、後述する「インド人民党（BJP）」の最大の支持母体で、ナレンドラ・モディ現首相もこの組織の出身者である。これも大英帝国が残した負の遺産のひとつといえなくもない。

インド人民党とモディ政権

インド独立後の30年間、同国の政治を主導したのは政教分離の世俗主義政党であるインド国民会議派であり、ジャワハルラル・ネルーとインディラ・ガンディーの父娘が同派を代表した。しかし、汚職腐敗と強権政治への批判を受けて1977年にガンディー首相が失脚すると反インディラの野党勢力が総結集してジャナタ党のデサーイー政権が誕生する。しかし、この野合政権（？）は2年半の短命に終わり、その後は1980〜1989年と2004〜2014年に再び国民会議派が政権に返り咲いている。

しかし、2014年の総選挙（下院）の結果はインド政治に激震をもたらすものだった。モディ氏率いるインド人民党（BJP）が解散時の116議席から282議席へと大躍進したのに対して、政権党だった国民会議派は206議席から37議席へと大幅後退したのである。獲得票数で見れば31％対19％で議席数ほどの大差はないが国民会議派にとって壊滅的な大惨敗であったことに変わりはない。インドの総選挙は州ごとに議席数が割り当てられているために獲得票数と議席数に大きな違いが出る傾向にあるがそれにしても驚くべき選挙結果である。これが偶然の産物でないことは2019年の総選挙でも同じような結果が出ていることにあらわれている。インド人民党の獲得議席数は303議席（票数38％）、国民会議派は52議席（票数20％）で、前回選挙に続く大差の選挙結果になっている。

もうひとつ、インドの総選挙で留意すべきは多くの地域政党が候補者を立てて州割当議席の獲得を目指すために下院に議席を有する政党が異常に多いことである。この時の選挙でも36党が当選者を出したが、そのうちの15党は1議席しか獲得していない。結果として最多議席を獲得した第1党が仮に総議席数の過半数以上を制していても単独で政権を担うのは地方政党との関係で望ましいとは言えず、いきおい連立政権を組むことになる。現在の連立枠組みは保守系の「国民民主同盟（NDA）」と中道左派系の「統一進歩同盟（UPA）」の2つで構成され、前者をインド人民党が、後者を国民会議派が主導している。2024年に次回選挙があるが、モディ現首相率いるインド人民党の圧勝が予想されている。

こうした事情の背景のひとつとして最大野党である国民会議派が内紛を抱え、カリスマ的な指導者を欠いている問題が指摘されている。本来であればインディラ・ガンディーの孫でラジーヴ・ガンディー元首相の息子でもあるラフル・ガンディー氏（2017～2019年に国民会議派総裁）が野党勢力結集の核になるべきであろうが、そこまでの指導力はないとみられている。ただモディ政権側は国民会議派の復権を警戒しており、インド政界きっての名門一族であるネルー・ガンディー家の直系たるラフル・ガンディー氏の動静には常に目を光らせているようだ（ガンディー氏は2023年3月に4年前の総選挙中のモディ首相に対する発言が名誉棄損にあたるとして禁固2年、議員資格停止の有罪判決を受けたが5ヵ月後には最高裁判所が同判決の効力停止を決定し、議員資格も回復している）。

国民会議派が野党勢力を結集しきれないもうひとつの理由が地方政党の台頭である。インドは民族構成が複雑で言語も多様である。2019年の総選挙でも23議席を得て、第三党になったのは南東部タミール・ナド州を拠点にした「ドラヴィダ進歩党」であり、22議席で第四党になったのは西ベンガル州の「全インド草の根会議」である。結果としてこうした地方政党が本来であれば国民会議派に投じられるはずの票を食っている形になっている。モディ首相のインド人民党も元は西部グジャラート州を拠点とした地方政党であったが、ヒンドゥー教徒の宗教心に訴えることで1990年代以降に全国政党に急成長してきた経緯がある。

先述したようにインド人民党は「民族義勇団（RSS）」を母体とするヒンドゥー教至上主義の政党であり、1951年に「インド大衆連盟」、1977年に「人民党」を組織して議会進出を図ってきた。1984年はインディラ・ガンディー首相暗殺後の国民会議派が弔い選挙で大勝し、争点を失ったインド人民党の獲得議席はわずか2議席だった。しかし、1996年の選挙で161議席を獲得して第一党になり、次の選挙（1998年）ではさらに182議席まで増やしてついにパジパイ政権を発足させたのである。これと併行してグジャラート州の州議会選挙でも圧勝を続け、モディ氏は2001〜2014年に3期にわたって州首相を務めている。インド人民党躍進の背景には印パ関係の悪化を受けたヒンドゥー教徒とイスラム教徒の対立激化があり、ヒンドゥー教徒の危機感を煽る選挙戦略が功を奏してきたとみることができる。こうした状況は今後しばらくは続きそうである。

なお、モディ政権にはもうひとつ重要な内政上の課題がある。それは州に強い権限を認めている現在の連邦制を改め、ニューデリーの中央政府により強い権限を付与しようとするものである。現在のインド内政は貧しい北部と豊かな南部の対立構図になっている。最新統計によれば北部2州（ウッタルプラデシュ州、ビハール州）の人口は全国総人口の26%を占めるが法人税・所得税の税収はわずか3%、一方、南部5州（タミールナド州など）は人口19%で税収25%である。

モディ政権は国勢調査を実施して人口増が続く北部への割り当て議員数を増やし、人口減の著しい南部から割り当て議員数を減らすことでモディ政権の支持基盤となっている北部の政治勢力を強化しようと狙っている。こうした動きに南部諸州は反発しており、2021年に実施予定だった国勢調査は頓挫したままになっている。歴史的にみても、インド全土を支配したとされるムガール帝国ですら実効的に支配したのは亜大陸北方の3分の2程度であり、その他の「統一王朝」にいたってはたかだか北半分か3分の1程度を支配したに過ぎない。インド南部は民族・言語・宗教の面で北部と大きく異なり、教育水準も高く、経済発展と所得水準の面での南北格差も大きい。今、モディ政権がインド全土を真の意味で統一する（ヒンドゥー教中心の）中央集権国家にしようという夢の実現を急げば、過去に何度も発生したような「南部の反乱」が再び起こる危険があろう。

共鳴し合うヒンドゥー教至上主義とインド・ナショナリズム

インドは、イスラム教を国教とする隣国パキスタンとは異なり、政教分離の世俗主義国家として1947年に独立した。しかし、世俗主義を標榜してきたインド国民会議派の退潮とヒンドゥー教至上主義のインド人民党の急速な躍進はインド社会をどのように変えていくのであろうか。同時に、インドは今、人口世界一、GDPでも向こう10年以内には日本、ドイツを抜いて世界第3位の経済大国になろうとしている。IT先進国を自認し、外交面ではグローバルサウスの盟主を演じている。2023年9月にG20の議長国として世界の指導者を首都ニューデリーに集めた光景も記憶に新しい。こうした状況がインド国民に自信を与え、ナショナリズムの高揚をもたらしているように見える。ヒンドゥー教至上主義とインド・ナショナリズムという本来別々のものがインド人民党政権下で共鳴し合い、「ヒンドゥー・ナショナリズム」として一体化しつつあるように見える。

インドの最新人口統計を見るとヒンドゥー教徒の人口は全体の80%、イスラム教徒が15%ほどで、残りの5%をキリスト教徒、シーク教徒、仏教徒、ジャイナ教徒、ゾロアスター（拝火教）教徒などが占める。ヒンドゥー教徒が圧倒的多数だが、彼らにとっての問題は、近年イスラム教徒の割合が着実に増加していることにある。1971年の人口統計ではイスラム教徒の割合は11%ほどであったから両教徒の人口構成の変化は確かに認められる。19世紀半ば頃まではこうした宗教別の人口統計は存在せず、インド人自身気に留めることもなかったようだ。しかし、大英帝国がインドの支配者になった直後の1871年に最初の国勢調査が行われ、その中に「宗教」が調査項目として加えられたことからインド人自身が初めて具体的な数値をもって自分たちの「差異」を知ることになった。こうした差異認識は宗教面での差別意識、他者への優位意識を生み、対立をもたらすインド特有の「コミュナリズム」の温床となったのである。

この「コミュナリズム」は異教徒が別々に集住する社会集団・共同体間において些細な

事柄をきっかけに軋轢や衝突をもたらし、時に深刻な暴力事件を引き起こす契機になった。その最も重大な事件が1992年に北インドの古都アヨーディヤで発生したヒンドゥー教徒によるバーブル・モスクの破壊事件である。アヨーディヤは叙事詩『ラーマーヤナ』に登場するラーマ王子の生誕の地で元々ヒンドゥー教の寺院（ラーマ王子生誕寺院）が建てられていたが、16世紀のはじめにムガール帝国を築いた初代皇帝バーブルの時代に破壊され、イスラム教の礼拝堂が建てられたという歴史がある。このバーブル・モスク破壊事件はインド・メディアで大々的に報じられたこともあって、ムンバイやコルカタといった大都市でのヒンドゥー・イスラム両教徒の大規模な衝突に発展、2000人を超える多くの死者を出す事態となった。

このアヨーディヤ事件はヒンドゥー教徒の宗教心の異常な高揚がもたらしたものだが、これを煽ったのがインド人民党のヒンドゥー教至上主義者たちだったと言われる。事実、同党は1984年からアヨーディヤ寺院の再建キャンペーン（ラーム生誕の地解放運動）を展開していたのだが、この再建キャンペーンを大きく盛り上げたのがあるTV番組であったことはあまり知られていない。

事は1987年1月に遡る。インドの国営放送局が毎週日曜日の午前9時半から連続ドラマ『ラーマーヤナ』の放送を開始した時である。「ラーマーヤナ」がインドを代表する一大叙事詩であり、もうひとつの叙事詩『マハーバーラタ』(「偉大なるインド」の意)とともにヒンドゥー教の信仰と切り離せないことは先述した。このTVドラマはインドで爆発的な人気を博し、視聴率はピーク時に80%を超えたという。放送時間帯には文字通り「街から人の姿が消えた」と評された。この時の様子をインド専門家の中島岳志氏(現東京工業大学教授)はその著『インドの時代』(新潮社)の中で「ヒンドゥーの視聴者の中には、ドラマの中でラーマ神をはじめとした神々を演じる役者たちを神像の一種と捉え、中には放送中、手を合わせながら画面を見つめる者もいたという。地方の街頭テレビなどでは、受信機の前に供物や線香が供えられるところも多く、放送前にバラモン司祭による礼拝が行われるところもあった」と記している。ヒンドゥー教徒の熱狂ぶりが目に浮かぶようである。悲しいかなラーマ王子の生誕の地であったアヨーディヤのヒンドゥー教寺院はムガール帝国時代にイスラム教徒によって破壊され今ではモスクが建っている。この時のTVドラマは熱狂的なヒンドゥー教徒の怒りを爆発させ、モスクの破壊とヒンドゥー教寺院の再建へと動かすのである。これが1992年のアヨーディヤ事件への誘因となったことは間違いない(ラーム寺院はその後再建され、2024年1月にモディ首相参列のもとでその落成式典が盛大に開催されている)。

また、この事件の10年後、モディ首相がグジャラート州の首相を務めていた2002年には後に「グジャラート暴動」と呼ばれるヒンドゥー・イスラム両教徒間の大規模な武力衝突事件が発生し、イスラム教徒790人、ヒンドゥー教徒254人が死亡するという前代未聞の大惨事が起こっている。この事件後もさまざまな事柄をめぐって両教徒間の衝突は続発し、パキスタンのイスラム過激派も加わって深刻な宗教対立をもたらした。その象徴的な出来事が2008年のムンバイ同時多発テロ事件で、タージマハール・ホテルの爆破などで174人の犠牲者を出す大惨事となった。インド人の反イスラム感情は最高潮に達し、こうした状況が2014年の総選挙におけるインド人民党の勝利につながったと見るむきもある。インド人民党はその後も躍進を続け、2024年4〜5月に実施予定の総選挙でも大勝しそうな勢いである。

実は、インド史の専門書によるとインド・ナショナリズムの高揚が最初に見られたのは8〜11世紀に続発したイスラム勢力の北インド侵入の時代だったという。特に、11世紀のはじめ、カズナ朝（アフガニスタン）のマフムード王は生涯に17度もインドに侵入し、殺戮と寺院破壊、金銀財宝の略奪をほしいままにしたという。歴史書にはマフムード王が連れ去ったインド人（青年男女、子供）の数は約75万人で、その多くが奴隷として世界中に売りさばかれたと書かれている。こうした出来事は今もインド人の間で語り継がれているらしい。その当時のインドは国内での諸王朝間の対立・戦争はあったものの宗教がかかわった事実はなく、ヒンドゥー教徒は仏教徒やジャイナ教徒ともおおむね平和に共存していた。こうした「安穏とした眠り」を打ち破ったのが北西方から侵攻して来たイスラム教の異教徒であり、インド人がインド人であることを認識した最初の大事件だった。インド・ナショナリズムは最初からイスラム教徒との衝突によって生起したといえなくもない。

ヒンドゥー教至上主義者たちはヒンドゥー教の特徴である開放性と寛容さが異教であるイスラム教の浸透を許した元凶であると考えている。インド亜大陸はヒンドゥー教にとって神の大地であり、イスラム教徒をのさばらせるべきではないと主張する。欧米の人権団体はヒンドゥー教至上主義者たちによるヒンドゥー教優位の主張を危険視しており、モディ首相率いるインド人民党の政治姿勢にも批判的である。しかし、インドが政治的・経済的に世界的な地位を向上させていく中でインド人の「自信過剰」もますます強まり、ある意味で傲慢になっていくだろう。「ヒンドゥー・ナショナリズム」は強まりこそすれ、弱体化することは当面考えられない。

なお、余談だが、報道によれば、2014年に日本を公賓として訪問したモディ首相は天皇陛下による御引見の折にヒンドゥー教の聖典『バガヴァット・ギーター』(叙事詩『マハーバーラタ』の一節)一巻を献納されたという。『バガヴァット・ギーター』はクリシュナ神が悩める戦士アルジュナに人生哲学を説いて聞かせた詩文で、ヒンドゥー教最高の聖典とされインド哲学のエッセンスが凝縮した書物である。モディ首相のヒンドゥー教至上主義が筋金入りであることを示すエピソードである。

第11章 アジア史に名を残す女傑たち

中国に「巾幗英雄」という言葉がある。日本人にはあまりなじみのない表現だが、中国では広く人口に膾炙《かいしゃ》した言い方のようだ。「巾幗（きんかく）」は女性の髪飾りを指すので、「巾幗英雄」とは女将軍、武人として名を馳せた女傑のことである。特に、男装・鎧を身にまとい馬上にあって戦場を疾駆し武勲かくかくたる歴史上の女戦士たちを指す。正史に名を残す実在の女性もいれば伝説上の人物のこともある。近現代において彼女たちの名前は外敵の侵略を受け国難に瀕した時に国策的に想起され、国民（特に女性）を奮起させる。抵抗運動のシンボルになり、女性を戦場に送り込むプロパガンダに使われる場合もある。本章ではアジアの国々で歴史に名をとどめている女傑たちの群像をおさらいしてみたいと思う。もちろん、その数は多いので網羅的に取り上げることはできないが、「民族的英雄」と言われる人物に絞ればその数は自ずと限られる。彼女たちの足跡をたどり、生き様を振り返ることで「アジア的な何か」を垣間見ることができるかもしれない。

アジアの「巾幗英雄」

フィリピンの首都マニラの中心街、マカティ広場に馬に跨った若い女戦士の像が立っている。フィリピンの民族独立の象徴的人物とされるガブリエラ・シラングの像である。彼女は18世紀中頃にスペインの植民地支配の打破を目指した反乱指導者である。最後にはスペイン軍にとらえられ絞首刑になるが一時は数千人の軍勢を率いて雄々しく戦ったという。農民の出自という共通性から「フィリピンのジャンヌ・ダルク」と呼ばれることもある。33歳の若さで刑場の露と消えた彼女の運命ははかなく、まさに悲劇のヒロインと呼ぶにふさわしい。

同じようなヒロインはタイにもいる。スリヨータイという。16世紀の中頃、アユタヤ王朝のチャクラパット王の妃となり、ビルマ（タウングー朝）からの侵略軍に対して国王、王子、王女とともに戦い、ビルマ兵の槍を背に受けて戦死したという。1549年のことである。この時のビルマ軍は歩兵30万、騎兵3000、象300頭という大軍で、4ヵ月にわたって抵抗したが衆寡敵せず国王まで捕虜になるという大敗を喫した。スリヨータイの英雄譚は2001年に巨費を投じて映画化され、タイ映画史上空前のヒット作になったという。ハリウッドではかのフランシス・コッポラが短縮版を製作して公開している。男装し甲冑をまとって象に乗り、男子と轡を並べて勇敢に戦ったと伝えられるスリヨータイはタイの歴史において最高の女傑、女性の鑑とされ、国民的な英雄になっている。アユタヤ市内の西の川沿いにはスリヨータイの遺骨を祀る仏塔が存在している。

さて、ここまで来ればインド史上最高の女傑ラクシュミー・バーイーのことを語らないわけにはいかない。前章でも紹介したように、彼女はマラーター王国の末裔で、19世紀に北インドにあったジャーンシー藩王国のガンガハール・ラーオ国王にわずか12歳で嫁いだ。早くに母親を亡くし、少年たちにまじって頗る活発な少女として育ち、読み書きはもちろん、剣や銃といった武器の操縦にも秀でていたという。１８５３年、彼女が23歳の時に夫である国王が死去し、子供がいなかったために親戚の男児を養子に迎え後継の国王に任じようとしたが、インドを実質的に支配していたイギリス総督がこれに異を唱え、コモン・ローに従って藩王国そのものを消滅させイギリスに併合すると主張した。

時あたかもインド人民によるイギリスへの大規模な抵抗運動（セポイの大乱）が起ころうとしている時で、１８５８年、ラクシュミー・バーイーもイギリスに公然と反旗を翻す。イギリス軍との戦闘は苛烈を極め、彼女は英国軍による逮捕と逃亡を繰り返したのちにグワーリヤル城での攻防戦で自ら前線に出陣し、狙撃されて戦死した。享年33歳。彼女と戦った英国の将軍はその遺体を荼毘に付し、貴人に対する礼をもって葬儀を行ったと伝えられている（インドでは２０１９年に彼女を主人公にする歴史映画『マニカルニカ ジャーンシーの女王』が製作・上映され大ヒットしている。これと前後して彼女を主人公とする大河ドラマもＴＶ放映されて過去最高の視聴率を記録したという。出身地のインド中部ソラプール市には小児を背負って剣を掲げる彼女の騎馬像がある）。

インドにはもう一人忘れてはならない女傑がいる。16世紀の後半、ムガール帝国のアクバル大帝が派遣した征服軍に徹底抗戦したゴンドヴァーナ王国の女王ドゥルガーヴァーティである。彼女は自ら軍を率いてアクバル大帝の武将アダム・シャーと戦い、進撃途上で負傷すると、自ら心臓を刺して、虜囚の屈辱を拒んだと伝えられる。このような経験から、アクバル大帝はイスラム支配に抵抗するヒンドゥー教徒の信念の強さを実感し、両教徒が平和的に融和共存するため「信教の自由」を保障する決断を下したとされている。

中国史を彩る女傑たち

さて、そろそろ「本題」に入りたい。中国である。この国の歴史は長く、また戦争につぐ戦争の中で戦場を疾駆した女傑の数も多い。「巾幗英雄」という歴史人物の分類が生まれるのも納得できる。

今、私の手許にはこうした英雄たちのリストがある。中国の歴史書や数々の歴史小説を読む中からこれはと思う女傑たちを私的にリストアップしたものだが、古くは殷王朝の時代の王妃・婦好（ふこう）から清朝末期の革命家・秋瑾までその数はゆうに30人を超える。本章では、その中から今なお多くの中国人から「巾幗英雄」として親しまれ追慕されている何人かの人物を（独断と偏見で）選び、以下に紹介したい。

まずは先述の王妃・婦好から。紀元前13世紀、殷王朝の第22代王・武丁の妻とされており、河南省安陽市にある殷墟で発見された甲骨文から戦場で活躍した女将軍であったことが確認されている。1976年にはその墓が無傷の状態で発見され、発掘された2000点近い埋葬品の中に数々の武器もあったという（男女16人に加え犬6匹も殉葬）。司馬遷の『史記』には婦好に関する記述はないが、甲骨文では異民族との戦いでの彼女の活躍が複数個所で記録されており、特に西方・羌族との大規模な戦争では1万3000の軍勢を率いてこれを討ったと書き残されているようである。中国では「中国史に登場する最初の女性政治家・軍事家」と紹介されることが多い。なお、武丁についてはかつて宮城谷昌光氏が『沈黙の王』という小説を書き、また、婦好についても佳穂一二三氏が2020年に『婦好戦記』という小説を出版しているので日本でもいくらか知名度が上がっているようである。

中国で歴史上最も有名かつ人気のある男装の女戦士と言えば花木蘭（かもくらん／ファ・ムーラン）の右に出る者はいないであろう。彼女を主人公とする映画は中華民国時代（つまり戦前）のものも含めて10本を下らず、連続TVドラマも私の知る限りで4作品ある。戯曲・小説に至っては数限りなく、京劇でも常に人気の演目になっているようだ。ところが、不思議なことに花木蘭の名は正史になく、歴史的な実在性も不確かなのである。いつの時代の人かについても中国南北朝時代の北魏説やその後の隋唐時代の人という説もある。

彼女が戦場で戦った敵方についても突厥（柔然）だったり高句麗だったりする。要は民間伝承の人なのだが、文献にその名が初出するのは南朝・陳時代に書かれた『古今楽録』という民間民謡を収録した書物のようなので、実在したとすれば北魏の人で突厥を相手に戦った女戦士と考えるのが自然であろう。

花木蘭のストーリーは単純である。南下侵入を繰り返す外敵を迎え撃つべく時の政権から領内の各戸に一人の壮丁（成年男子）を参軍させよとの召集令が発布されたが彼女の家にいる男子は病弱な父親のみ、そこで彼女が父親に代わり男装して戦場に赴くのである。戦場での彼女の活躍はすさまじく、その噂は朝廷まで届いてついに皇帝から褒美を受けることになる。皇帝から望みを聞かれた彼女は故郷を離れてすでに十年有余、高い地位は望まず、ただただ故郷に戻って両親に孝行したいのみと答える。そして無事帰郷した彼女は元の娘姿に戻り両親と幸せに過ごしたというハッピーエンドの物語。最後に、かつての戦友たちが彼女の家を訪ね、その美しい娘姿に驚嘆したという「落ち」もついている。

もっとも、このストーリーには異説もあり、特に結末においては悲劇仕立てのものも複数あるようだ。清朝末期に書かれた『隋唐演義』では、戦場から戻った後に皇帝の寵愛を受けたが宮廷内のゴタゴタに巻き込まれついに自刎して果てた、という残念な物語になっている。妹も男装の女戦士・花又蘭として登場する。それはさておき、米国の映画会社ディズニーはアニメ版の『ムーラン』で花木蘭の物語を描いただけでなく、最近は中国の有名女優をキャストに実写版も製作して2020年にネット公開している。日本では田中芳樹の小説『風よ、万里を翔けよ』(1991年)を通じて花木蘭の物語を知る人も多いかもしれない。

さて、紙幅の制約もあるので、中国の女将軍についてはあと二人だけを簡単に紹介するにとどめたい。一人は梁紅玉(りょうこうぎょく)、南宋初期の抗金英雄・韓世忠の妻で、夫とともに金軍と戦った女性である。もとは美女の名をほしいままにした芸妓で、若かりし頃の韓世忠を見初め、押しかけ女房同然に嫁いだという。彼女を有名にしたのは黄天蕩の戦いという金軍との水戦において旗艦上にあって軍鼓を打ち鳴らし、韓家軍の軍艦を自由に操って金軍に大打撃を与えたという逸話である。彼女の没年は不詳だが、最近の中国歴史ドラマでは戦場で没した形になっていた。夫婦睦まじい女将軍振りに中国では人気があるようだ。

最後の一人は明末に後金(清)軍と戦った秦良玉(しんりょうぎょく)。四川省忠州(現在の重慶)の人である。夫である宣撫使・馬千乗とともに明朝皇帝を奉じて地元の反乱軍や後金軍と生涯にわたって戦い続けた。圧巻は明朝最後の皇帝・崇禎帝の最末期、武臣たちが皇帝の勤王令を無視して次々と離反する中、彼女だけは私財をなげうって都に馳せ参じ王命を奉じたことである。さらにその忠誠心は王朝滅亡後も亡命政権となった南明に仕える道を選ばせ、正史に列伝を持つ唯一の女性武将となった。秦良玉が夫を追って最初に戦場に出たのは25歳の時であり、それから50年近く、夫の死の後も常に猛将と恐れられながら戦場を疾駆し、74歳の長寿をまっとうしている。彼女を主人公とする小説に井上祐美子氏の『女将軍伝』（2001年）がある。

ベトナムの女戦士群像

中国にまさるとも劣らず数多くの「巾幗英雄」を輩出したのがベトナムである。特に、19世紀後半から20世紀はじめにかけてのフランスからの独立闘争、20世紀後半のインドシナ・ベトナム戦争において数多の女性がゲリラ兵や戦闘員として活躍した。そうした女性の中には一軍を率いて勇敢に戦い、後に英雄としてその戦功が讃えられた者も少なくない。ただ、私が個人的に注目するのはこれよりはるか昔に大軍の将として戦場を疾駆し、ベトナム史に大きな足跡を残した女性たちである。以下に、そうした女性の中から3人を選んで紹介したい。

まず、ベトナムにおいて今も「民族運動史上不滅の国民英雄」と讃えられ多くの人々に尊崇されている徴姉妹（ハイ・バー・チュン）をとりあげたい。彼女たち徴側（チュン・

チャック）・徴弐（チュン・ニ）姉妹は紀元1世紀、いまから二千年も前の人で、当時ベトナムを属国支配していた中国・光武帝時代の後漢帝国に反旗を翻し、交趾太守蘇定の軍を破って放逐、わずか3年弱（紀元40〜43年）という短い期間ながら独立を回復した。姉の徴側は自立して王となったという。この時代、漢によるベトナム人民への苛斂誅求は甚だしく、文化的抑圧もあって地元民の憤懣が頂点に達していた。ハノイ近郊メリン県の首長の娘であった徴側はかねてより中国側による暴政と搾取に憤激していたところに夫が捕縛・殺害されたことで怒り爆発、ついに反旗を翻すに至ったとベトナム側の史書は伝える。この事態を深刻にとらえた光武帝は伏波将軍・馬援率いる3万2000の精鋭軍を派遣し反乱鎮圧をはかった。両軍はハノイ西郊にある西湖（ホータイ）のほとりで激突、ベトナム側は武器と軍勢に勝り鍛錬された中国の精鋭部隊を前に奮闘むなしく敗れ、徴姉妹は捕縛・斬首されたという。後漢書列伝では姉妹の首は洛陽に運ばれたと記されているようだが、ベトナムには投身入水して自ら果てたのだという伝説が伝わっている。徴姉妹を祀った祠は西湖のほとりにあり「ベトナムの守護神」として神格化され、今も詣でる人が絶えない。

これに似た話が紀元3世紀の後半、ベトナム北部一帯を支配していた三国史時代の呉とその属領ベトナムとの間にもある。西暦258年、早くに両親を亡くし祖国愛に燃えた兄のもとで育った趙貞娘（チェウ・チン・ヌオン）は若干20歳の時に兄とともにタインホアの地（ハノイ南方100km）で一揆を起こし、いくつかの城邑を陥落させる。しかし、中国呉朝派遣の刺史・校尉であった陸胤のたくみな工作で一揆はいったん抑えられたものの1年後に再燃、今度は本格的な反乱に発展した。この時、趙貞娘は黄衣をまとい、巨象の背にまたがって数千の軍を率いたという。「巨乳三尺」の異相だったと史書は伝える。ただ、6ヵ月にわたって激戦を繰り返したものの衆寡敵せず、敗れ去って自害している。23歳の若さであったという。死後、彼女は「顕聖」として祀られその廟は今も地元にある。

趙貞娘の話は先述した徴姉妹の場合と比較するとややローカル色が強く「国家独立の回復」といった華々しい成果はない。このためかベトナム国内での知名度もイマイチだが、20歳を過ぎたばかりのうら若い女性が反乱軍の将となって異国の支配に反旗を翻したという史実は感動的である。フランスにジャンヌ・ダルクが登場する1200年も前のことである。

最後、3人目の女傑は裴氏春（ブイ・ティ・スアン）という。18世紀末から19世紀はじめの人で、西山阮朝（1788〜1802年）の虎将・陳光耀将軍の妻。陳将軍は新王朝を開いた光中皇帝（一般に「阮恵〈グエン・フエ〉」の名で知られる）の死後も幼帝を奉じて清軍や国内の抵抗勢力と死闘を繰り返し、裴氏春も常にその傍で戦い続けた。彼女は大規模な象軍と5000の兵を率いて連戦連勝、敵に「勇婦将軍」と恐れられたという。

しかし、フランスの支援を受けた敵軍（１８０２年に阮朝を開く阮福映軍）に次第に追い詰められ、敗走中に捉えられて夫、子女と共に処刑された。彼女の処刑は象による踏刑だったが、これを目撃したフランス人宣教師は「彼女は顔色も変えずに、挑むように象の前に進んで睨みつけた・・」と書き残しているという。裴氏春は勇婦の典型として今なお多くの人々の尊崇を受けている。

悲恋物語の多い韓国、貞節を貫く「烈女」たち

さて、ここまではアジア各国の勇ましい女傑たちを紹介してきたが、隣りの朝鮮・韓国の場合はどうだろうか。私は、最近何年か、コロナ禍による外出自粛が続いた折に朝鮮半島の歴史に関する多くの書物を読んだが、ついぞ「巾幗英雄」を見出すことができなかった。良妻賢母・孝女の鑑や稀代の悪女の話、あるいは両班と婢女の悲恋物語などは多いのだが、戦場を疾駆する女将軍・戦士の勇ましい姿はない。朝鮮史に登場する「烈女」はことごとく二夫に嫁すことを峻拒した貞女の鑑のような女性たちばかりである。儒教の国では女性が武器をとり男どもにまじって戦場を疾駆するということはあってはならないのかもしれない。

そうした中、韓国のＴＶドラマ『千秋太后』を見ていて彼女が鎧をまとった女将軍の出

で立ちで北辺から侵入する契丹軍と戦うシーンが映し出されて驚いた。この女性はスキャンダラスな人で最後は流罪（愛人は処刑）の憂き目に遭っている。韓国歴史ドラマにはフィクションが多くて少々うんざりするが、契丹軍との戦いで太后に一軍の陣頭指揮までとらせるのはさすがにやりすぎではないか。

と、ここまで書いてきて高麗時代の雪竹花（ソル・チュクファ）という男装の女戦士の伝承をふと思い出した。この女性は契丹軍の第二次侵入（1010年）の際に父親が戦死したためその遺志を継いで第三次侵入（1018年）の際に男装して高麗軍に志願する。この時わずか18歳だったという。戦場では少年先鋒隊の将になり、獅子奮迅の活躍をしたとされているが、最後のところで敵軍の矢を胸に受けて陣没してしまう。彼女はその父親を知る姜邯賛（カン・ガムチャン）将軍（実在の著名な武将）の麾下で戦うのだが、名（および性）を偽って参軍していたため将軍は事前にはその出自を知らず、死後に胸中に残されていた遺書を見て身元を知り号泣するという感動悲話（美談？）になっている。この話は正史にはなく専ら民間伝承として語られてきたようで、雪竹花の出身地が現在の北朝鮮の領内であることから、現在は韓国というより北朝鮮の方で語られることが多いようだ。

もう一人、民間伝承の女将軍に鹿足（ロクジョク）夫人がいる。この人は7世紀はじめの高句麗の軍人で、乙支文徳将軍（実在した英雄）を助け、北から侵攻する隋軍と戦った女性とされている。男装の女戦士で、時にその健脚を活かして将軍の危機を救ったという話もあるようだが、上述の雪竹花の場合と同じく本名が伝わっておらず、「伝説」の域を出ない。そういえばこの人も北朝鮮領内の出自とされているので、現在の北朝鮮軍の女性部隊では「祖国防衛の烈女」としておおいに語られているに違いない。

女性史から見るアジア的世界

以上のようにアジア各国の女性像を「巾幗英雄」という視点から見るといろいろと興味深い諸相が見えてくる。我が日本の女将軍たちはどうかというと、12世紀後半、かの木曽義仲の愛妾で武将としても勇名を馳せた巴御前を筆頭に、同時代の越後・板額御前らが、また時下って織豊期になると井伊直虎(2017年のNHK大河ドラマ『おんな城主 直虎』の主人公)や甲斐姫らが登場する。それぞれ武名を超える魅力を持った女性たちだが、主に一族を助け近隣との領地争いに絡んだ人たちなので、他の国々の事例で見てきたようなスケールの大きさはなく、民族的あるいは国民的な「英雄」という像を結ぶこともない。

では、アジア以外の国や地域、例えば欧州の場合はどうかというと、フランスにジャンヌ・ダルクという「国難に立ち上がった少女」が登場し、「巾幗英雄」という観点からいかにもシンボリックな存在になっているものの、欧州の他の国や他の時代に同じような人物が登場してきたかというと、その数は多くない（次頁脚注参照）。他方、ラテンアメリカでは19世紀のはじめにスペインから独立する際に各国で戦争が行われたために勇敢な女戦士の参軍が多く見られ、その中から登場した「独立の英雄」や「民族のヒロイン」も少なくない。アフリカでは西欧列強に対する反植民地闘争の時代が長かったため、やはり多くの女傑が生まれているようだ。

男女を問わず歴史上に英雄が現れるのは乱世、国家存亡の危難の中であり、その意味で時代状況の産物である。ただ女傑として後世に名を残すとなると単に弓や剣技に優れ、あるいは拳銃の名手であったというだけでは不十分であり、それなりの「歴史的功績」を挙げ、また「国民的尊崇」を受けて後々の時代にまで語り伝えられるほどの人物であることが必要条件となる。

アジア地域の場合、新羅の善徳女王、中国の武則天、日本の北条政子のような一国を率いた偉大な女性指導者の他、近現代でもインド、インドネシア、スリランカ、フィリピン、ミャンマーなどで優れた女性大統領・首相を何人も輩出しており、本章で紹介した数々の「巾幗英雄」の存在とあわせれば世界に冠たる「女傑大陸」（？）とも言える。ただ、それにもかかわらず、戦後の欧米型民主主義社会においては「アジアは女性の地位が低い後進地域」のごとく言われる。女性議員の比率が低いとか企業に女性幹部の数が少ないこととかが背景にあるようだ。男性中心社会の伝統や儒教的な男尊女卑の観念を今なお引きずっている面もあるかもしれない。今、アジアに生きる私たちは歴史を振り返り女性の社会的な役割の重要性を再認識すべきであろう。彼女たちに大いに活躍してもらわねばならない時代なのである。

※脚注

中央アジア（カザフスタン）の歴史には紀元前6世紀にペルシャ帝国との戦いでキュロス大王に勝利し、大王の首をとったマッサゲタイ族（カスピ海東岸に勢力を有したスキタイ系の遊牧騎馬民族？）の**女王トリュミス**の伝説がある。ギリシャの歴史家ヘロドトスはその著『歴史』の中でこの女王の武勇譚を詳述しており、何人もの古代ギリシャ・ローマの文筆家の著作でも紹介されている。近代西欧絵画の巨匠ルーベンスやフランス象徴主義の画家モローも彼女を画題にした作品を残している。２０１９年にはカザフスタンで大作映画『女王トリュミス』が製作された。

近代欧州の歴史の中で女傑（女戦士）として名を残している人に「ハンガリー独立運動の母」と呼ばれている**ズリーニ・イロナ**（１６４３－１７０３年）、ギリシャ独立運動を戦い民族的英雄とされる**マント・マグロゲヌース**（１７９７－１８４０年）、イタリア統一戦争の英雄である**アニータ・ガリバルディ**（1821－49年）、そして私のお気に入りであるポーランド・リトアニアの英雄（ロシアによる軍事干渉に抵抗）**エミリア・プラテル**（1806－31年）らがいる。

あとがき

私が大学在学中に外務公務員採用上級試験（いわゆる外交官試験）に合格し外務省に入省したのは1973年のことだったから今から半世紀以上も昔のことになる。それから41年半もの間同じ役所に勤務し、退官したのは2014年秋のことである。思えば時の過ぎるのは速いもので、あっという間の出来事だったような気がする。その一方で、入省当時の同期生23人の合同写真を見ると皆驚くほど若く、白髪のまじった後期高齢者の老域に近づいた今日この頃から思い返すと、「ああ、こんな時代もあったのか」と感慨ひとしおである。

この半世紀、国際情勢も激変した。その最大のものが1991年のソ連邦の崩壊であり、共産中国の超大国としての台頭である。私の外交官人生の前半はいわゆる米ソ冷戦の時代だったし、中国とは外交関係を結んだばかりで貧困国支援の対象だった。この頃は日本政府の外交方針も単純明快であり、「西側の一員」としての活動に徹すれば良く、あれこれと思い悩むこともなかったような気がする。日本経済もなお高度成長期を謳歌していた。その後、外務省で課長職や「中二階」と俗称される参事官・審議官の職にあった頃（20世紀末まで）はソ連邦の崩壊を受けた「米国一強」の時代で、外交課題の中心は中東や東欧での地域限定的紛争への対応とＡＳＥＡＮなどの発展途上国との関係を如何に発展させるかであった。日本経済はバブルの崩壊で「失われた…年」の時期を迎えていたが、外交は引き続き単純明快な指針の下で展開されたのである。

しかし、21世紀に入るとこうした「幸せな外交官生活」は一変した。大国化した中国は強大な経済力と軍事力を背景に威圧的な外交（いわゆる戦狼外交）を展開して周辺国の安全保障上の脅威となり、旧ソ連の後継ロシアも近隣国への武力攻撃を始めるようになった。北朝鮮の急速な核開発も我が国外交にとって最大級の懸案事項になっている。中東・アラブ世界の混迷も国際情勢を著しく複雑化させている。この間、米国の国威が次第に低下し、バブル崩壊を受けた日本経済も長期低迷期に入って国力と国際的影響力の低下を余儀なくされている。日本外交もますます難しい選択を迫られるようになり、私自身が外交官生活の終盤に差し掛かり責任ある役職に就いたこともあって、仕事上思い悩むことも多くなった。日本経済も長引く景気低迷と極度の円安のなかで呻吟《しんぎん》し続けている。今の若い外交官たちはキャリアの最初からこうした複雑難解な内外状況の中で職務に取り組んでいるのかと思うといささかの同情なしとしない。

私の41年半にわたる外交官生活のうち海外勤務は約18年間、欧州・アジアを中心に6カ国に及んだ。この間、国内外で20回の転居を経験した。各国に赴任するに先立って私はまずその国の歴史を勉強することを常とした。「国を理解するには歴史から始めよ」との職場の先達からの教えに従ったものだが、私自身、大学で西洋史を専攻していたので、自然とそういう習慣が身についた。司馬遼太郎の言を俟つまでもなく、歴史は「国のかたち」の基層を形成している。もちろん、国の民族・言語・宗教、そして国家の諸制度を理解し、地政学的な諸条件、近隣諸国との関係を知ることも欠かせない。その上でその国と日本との関係に入るのである。

今、外務省を退官して間もなく10年がたとうとしている時、現役時代の研鑽が十分であったかを振り返ると忸怩たる思いなしとしない。特に中国と朝鮮半島については公務出張の機会こそ多かったものの直接の在勤経験がなかったため、今でも勉強不足を痛感する。幸い、退官後に日本戦略研究フォーラム（JFSS）というシンクタンクにお世話になり、アジアの諸問題に改めて関心を向けるようになった。先達から学ぶ機会も増えた。

また、同フォーラムが3ヵ月毎に発行している季報にもアジアの政治や外交について私なりの論考を一文にまとめ寄稿することが多かった。特に2020年からのコロナ禍の中で外出自粛を余儀なくされ、アジア関連の書籍を中心に読書三昧の日々を送りつつあれやこれやの文章を執筆する時間が十二分に持てたこともこれに幸いした。本書に掲載した論考の大半もそうした文章の一つひとつである。

本書の刊行に当たっては日本戦略研究フォーラムの長野禮子理事兼事務局長から季報に寄稿した文章の転用について特別の許しを得た。深く感謝申し上げる。長野理事からは毎回の季報発刊に先立ち一文を寄せるよう強いお誘いをいただいた。生来怠惰な私は文章を書き起こすまで時間がかかり、かつ駄文・拙文への自己嫌悪もあって寄稿をためらうのが常なのだが、その都度長野理事から激励をいただき何とか季報への拙稿掲載が実現したというのが実情である。

出版に当っては、JFSS季報への寄稿からすでに2～3年を経過した論考については可能な限り加筆修正し、時流に合わせるべく務めた。もし、内容的に旧聞に属する記述があれば右のような事情のためでありお許しいただきたい。また、本書のタイトルを『歴史から読み解く アジアの政治と外交』とした。それは本書に掲載した全章にわたる論考のほぼすべてが各テーマにまつわる歴史から書き起こされている事実の反映であると同時に、先述したように「国を理解するには歴史から始めよ」との外交官時代に得た教えを改めて確認するためでもある。

なお、末筆ながら、本書の刊行に当たってはカナリアコミュニケーションズの近藤昇社長からは随時適切なご助言を多々いただいた。ここに厚く御礼申し上げる。前著『ハノイの熱い日々』の出版の際にもお世話になっており、誠に感謝の念に耐えない。さらに、今回、編集を担当したカナリアコミュニケーションズの佐々木紀行氏に編集・入稿から出版に至るまでの過程で大変お世話になった。特別の感謝の気持ちを申し上げたい。

２０２４年１月

坂場 三男（さかば・みつお）

1949年、茨城県ひたちなか市生まれ。1973年、横浜市立大学文理学部文科を卒業後、外務省に入省。フランスで語学研修した後、インド、フランス、エジプト、米国（シカゴ）などで勤務。外務本省では大臣官房総括審議官、中南米局長、外務報道官などを歴任し、2008年から2010年まで2年8ヵ月に亘って駐ベトナム大使を務める。2014年、駐ベルギー大使・NATO日本政府代表の任を最後に外務省を退官。その後は、2015～17年に横浜市立大学特任教授、2017～21年に法務省・公安審査委員会委員。現在はMS国際コンサルティング事務所の代表職とともにアジア文化研究學會会長、日本戦略研究フォーラム（JFSS）顧問、全国技能実習監理団体連絡会相談役のほか東証プライム上場企業においてアドヴァイザー（サステナビリティ諮問会議議長）を務める。

著書に『大使が見た世界一親日な国・ベトナムの素顔』（2015年、宝島社刊）、『新・遣欧使節回覧実記～日本大使のベルギー奔走記～』（2018年、幻冬舎刊）、『今すぐ国際派になるための ベトナム・アジア新論』（2019年、振学出版刊）、『ハノイの熱い日々～元駐在員ら26人が語るとっておきのベトナム話～』（2020年、編著、カナリアコミュニケーションズ刊）など。

歴史から読み解く
アジアの政治と外交

2024年2月15日〔初版第1刷発行〕

著　者　坂場三男
発行所　株式会社カナリアコミュニケーションズ
〒141-0031
東京都品川区西五反田1-17-11
第二東栄ビル703
TEL　03-5436-9701
FAX　03-4332-2342
http://www.canaria-book.com/
印刷所　株式会社クリード

装丁／藤田絵厘子（クリード）
DTP制作／株式会社クリード

ISBN978-4-7782-0520-1　C0031